AF261920

X

L'ENSEIGNEMENT

GRAMMATICAL

POUR

LES COMMENÇANTS

L'ENSEIGNEMENT
GRAMMATICAL

POUR

LES COMMENÇANTS

OU

240 EXERCICES

DESTINÉS A SERVIR D'INTRODUCTION

A TOUTES LES GRAMMAIRES FRANÇAISES,

PAR

T. FRIEH,

MAÎTRE-ADJOINT, CHARGÉ DE LA DIRECTION DE L'ÉCOLE ANNEXE,
A L'ÉCOLE NORMALE DE CHATEAUROUX,
POURVU DU CERTIFICAT D'APTITUDE AUX FONCTIONS D'INSPECTEUR
DE L'ENSEIGNEMENT PRIMAIRE.

PARIS	CHATEAUROUX
Librairie HACHETTE et Cie	Librairie A. NURET et FILS
79, BOULEVARD ST-GERMAIN.	72, RUE GRANDE.

1874

PRÉFACE

« S'il y a une science qui ait occupé les amis de l'éducation et qui ait fait couler l'encre à flots sur le papier, c'est assurément la science grammaticale, » dit M. Théry dans ses *Lettres sur la profession d'instituteur.*

En effet, si l'on réunissait tous les ouvrages publiés sur cette matière, on en garnirait largement plusieurs rayons d'une bibliothèque.

On pourrait ajouter, avec non moins de vérité, à l'affirmation de M. Théry : S'il y a une science qui ait fait verser des larmes aux enfants, c'est sans contredit la science grammaticale.

Autrefois, pour enseigner la grammaire, bien des maîtres avaient l'habitude de donner à leurs élèves un manuel, et d'y faire apprendre par cœur les règles et les définitions, pour les faire réciter ensuite comme une fable de La Fontaine ou un autre morceau de littérature.

Ce moyen était commode, sans doute, mais quels résultats a-t-il produits !

La circulaire ministérielle du 20 août 1857 a tracé aux instituteurs la marche qu'il convient de suivre dans l'enseignement de la langue, et, par suite, dans l'enseignement de la grammaire, qui fait partie intégrante de celui de la langue.

Voici quelques extraits de cette remarquable circulaire qui constitue un vrai document pédagogique.

« Les élèves de nos écoles, disait mon prédécesseur, dans une instruction que je me plais à rappeler, ont besoin d'apprendre leur langue, mais non les subtilités qui ont rendu, en la compliquant, l'étude de la grammaire française si peu attrayante, et, par conséquent si difficile. »

» Assurément, l'étude de la langue maternelle est indispensable et peut être féconde ; car si la langue n'est autre chose que l'expression de la pensée, la culture n'en peut être sans influence directe sur l'intelligence. Mais qu'on se garde d'accabler l'esprit des enfants de ces définitions métaphysiques, de ces règles abstraites, de ces analyses prétendues grammaticales, qui sont, pour eux, des hiéroglyphes indéchiffrables ou de rébutants exercices.

» Tout enfant qui vient s'asseoir sur les bancs d'une école apporte avec lui, sans en avoir conscience, l'usage des genres, des nombres, des conjugaisons. Qu'y a-t-il à faire ? tout simplement l'amener à se rendre un compte rationnel de ce qu'il sait par routine et répète de lui-même machinalement.

» Que le maître fasse lire une phrase claire et simple ; cette phrase lue, qu'il s'assure si les élèves en ont bien saisi le sens ; qu'il explique ensuite ou fasse expliquer le rôle que chacun des mots joue dans la construction de la phrase. Après quoi, qu'il donne cette phrase à copier. On a ainsi tout ensemble une leçon de logique pratique et une leçon d'orthographe.

» Là est le seul genre d'analyse qu'il faille admettre dans les écoles. Si l'analyse ainsi pratiquée est fructueuse, parce qu'en étudiant à la fois la pensée et les mots elle s'adresse à l'intelligence, elle devient un pur gaspillage de temps quand elle n'est, comme on le voit trop souvent, que le travail machinal de la mémoire.

» Donc, point de ces éternelles dictées, ambitieusément décorées du nom d'analyses logiques, et bonnes seulement à faire prendre en dégoût tout ce qui tient à l'enseignement de la langue ; point de fantasmagorie de mots ; s'il est possible même, point de *grammaire* entre les mains des élèves. Faire apprendre par cœur des formules abstraites à des enfants qui sortiront de l'école pour manier la bêche ou le rabot, c'est à plaisir et sans résultats, heurter les instincts des familles. Qu'on voie s'entre-choquer dans un pêle-mêle de notions confuses ces mots techniques dont une intelligence peu exercée ne parvient jamais à se rendre maîtresse, il n'y a là, avec une perte de temps certaine, que des avantages bien douteux. Les dictées graduées avec discernement, analysées au point de vue des idées, du sens des mots, de l'orthographe ; dictées ayant pour but un trait d'histoire, une invention utile, une lettre de famille, un mémoire, le compte-rendu d'une affaire, tel doit être, dans l'école primaire, le fondement de la langue. »

Dans ces dernières années, d'excellentes grammaires ont été publiées pour les différents degrés de l'enseignement. La plupart des auteurs sont entrés résolûment dans la voie du progrès, et ont par là rendu de réels services à l'instruction.

Malgré les remarquables ouvrages que chaque année voit éclore, n'est-il pas permis cependant de se demander si l'enseignement grammatical a été simplifié au point d'être accessible à tous les élèves de nos écoles, et si les exercices contenus dans les grammaires sont assez élémentaires pour rendre le travail des commençants attrayant et fécond en résultats.

L'enfant est capable de comprendre les définitions et les règles de la grammaire aussitôt qu'il sait lire et écrire convenablement, et qu'il a l'intelligence assez développée pour entendre le langage qu'on lui tient. Toute la tâche du maître consiste à isoler les difficultés, à procéder du connu à l'inconnu et à enseigner peu à la fois.

« L'élève qui sait peu, mais qui sait bien, fera dans la suite des progrès assurés, par le développement naturel de son intelligence. » (De Gérando.)

Or, un mal se fait sentir dans bien des écoles : on passe trop vite sur les principes élémentaires ; on court avec précipitation aux leçons plus avancées. On veut parcourir un long programme, croyant gagner du temps ; et souvent on dissipe en vaines fatigues les précieux moments que l'enfant passe sur les bancs de l'école.

La plupart des auteurs d'ouvrages de grammaire tombent eux-mêmes dans cet écueil, car si les exercices élémentaires qu'ils présentent, peuvent convenir à une certaine classe d'enfants privilégiés par la nature, ils ne sont pas toujours à la portée des élèves de nos écoles. Toutes ces définitions, toutes ces règles, toutes ces exceptions, qui se croisent et s'entre-choquent dans les quinze ou vingt premières pages, n'offrent souvent aux enfants qu'un amas confus de science qu'ils ne se sentiront pas la force de pouvoir s'assimiler.

Les instituteurs savent que les débuts sont d'une importance capitale et décisive pour toute la suite du développement intellectuel.

On ne saurait trop insister sur les notions premières, si l'on veut asseoir les connaissances de l'élève sur des bases solides et durables, et c'est dans ce but que nous avons rédigé nos exercices, qui forment une sorte d'introduction à l'enseignement grammatical proprement dit.

Nous n'avons pas suivi l'ordre généralement adopté par les grammairiens. Nous croyons qu'il est bon de n'entretenir d'abord l'enfant que de notions assez simples pour que son esprit puisse les concevoir facilement. C'est pour cette raison que nous avons relégué, à la suite de la définition du verbe, les principales exceptions à la formation du pluriel dans les noms, et du féminin dans les adjectifs qualificatifs. Aussitôt que l'élève sait distinguer dans une phrase les noms, les adjectifs qualificatifs et les verbes, et qu'il connaît les règles essentielles d'accord, nous l'initions à la conjugaison, en alternant cette partie du discours avec les autres parties de la grammaire. On remarquera aussi qu'il n'est question dans nos exercices que du présent de l'indicatif, du passé indéfini et du futur, dans les quatre conjugaisons. Nous pensons que ces trois temps doivent former la base de la conjugaison.

MÉTHODE A SUIVRE DANS L'ENSEIGNEMENT GRAMMATICAL.

Toutes les méthodes peuvent se résumer en deux catégories : les méthodes synthétiques et les méthodes analytiques. Si les méthodes analytiques conviennent à des esprits cultivés, à des intelligences supérieures, il nous semble qu'elles ne peuvent pas être employées avec succès dans les écoles primaires.

Ouvrez un manuel de grammaire, et vous trouverez (à de rares exceptions près) invariablement la définition ou la règle avant l'exemple. Est-ce là la méthode qu'il convient de suivre avec nos enfants. Nous ne le pensons pas, et en cela nous sommes d'accord avec la logique et avec tous les maîtres expérimentés. L'enfant doit trouver lui-même la définition ou la règle ; il doit la formuler, par déduction, d'un ou de plusieurs exemples convenablement choisis. La définition ou la règle ainsi découverte, l'enfant la retiendra sans peine, car ce sera pour ainsi dire son œuvre.

C'est en cela que consiste la méthode synthétique.

Afin de donner une idée nette de la manière de procéder par l'emploi de la méthode synthétique, nous présentons ici quelques exemples applicables à l'enseignement de la grammaire.

NOMS QUI DÉSIGNENT DES PERSONNES.

Le maître s'adressant à un élève lui demande comment il s'appelle. — R. Je m'appelle Henri.

Même question adressée à plusieurs autres enfants.

D. Qu'est votre père, Henri ? — R. Il est cultivateur.

D. Et le vôtre, Jules ? — R. Il est boulanger.

D. Qui vous a élevé, Joseph ? — R. C'est mon père et ma mère.

D. Qui vous instruit, Martin ? — R. C'est mon maître.

D. Qui vous donne l'instruction religieuse à l'église ? R. C'est M. le curé.

D. Avez-vous des frères et des sœurs ? — R. Oui ou non.

D. Le maître s'adressant de nouveau à un élève, lui dit : Par quel mot vous nomme-t-on ? — R. On me nomme par le mot Henri.

D. Et vous ? — R. On me nomme par le mot Félix.

D. Par quel mot nomme-t-on celui qui fait le pain ? — R. On le nomme par le mot boulanger.

D. Comment nomme-t-on celui qui vous instruit ? — R....

D. A quoi sert le mot Henri ? — R. Il sert à nommer une personne.

D. A quoi servent les mots Jules, boulanger, maître, curé, charpentier, père, mère, frère, sœur ? R.....

Conclusion. — Le maître : « Les mots qui servent à nommer des personnes s'appellent des **noms**. »

D. Comment s'appellent les mots qui servent à nommer des personnes ? — R......

D. A quoi servent les noms ? — R......

D. Par quel mot désigne-t-on les mots qui servent à nommer des personnes ? — R.....

D. Qu'est-ce que le nom ? R. Le nom est un mot qui sert à nommer une personne.

D. Citez quelques noms ? — R.....

D. Pourquoi le mot *Henri* est-il un nom ? — R. Le mot Henri est un nom, parce qu'il sert à nommer une personne.

D. Pourquoi le mot *père* est-il un nom ? — R.....

D. Pourquoi le mot *boulanger* est-il un nom ? — R.....

Le maître écrit ensuite au tableau noir une ou plusieurs phrases, dans le genre de la suivante : *La mère soigne son enfant*, et invite les élèves à chercher les noms qui s'y trouvent. — Dans cette phrase, il y a deux noms : *mère* et *enfant*.

D. Pourquoi le mot *mère* est-il un nom ? — R. Le mot mère est un nom, parce qu'il sert à nommer une personne.

D. Pourquoi le mot *enfant* est-il un nom ? — R.....

Après cette explication préliminaire, les élèves prendront leur livre d'exercices et l'ouvriront à la page 13. L'un d'eux écrira sur le tableau noir la première phrase de l'exercice N° 1. « *Le maître a récompensé son élève studieux.* »

D. Que signifie le mot *studieux* ? — R.....

D. Qu'est-ce qu'un enfant studieux ? — R.....

D. Quand un enfant est-il studieux ? — R.....

D. Y a-t-il un ou plusieurs noms dans cette phrase ? — R. Il y a deux noms : *maître* et *élève*.

D. Pourquoi le mot *maître* est-il un nom ? R. Le mot maître est un nom, parce qu'il sert à nommer une personne.

D. Pourquoi le mot *élève* est-il un nom ? — R....

Faire écrire ensuite sur le tableau noir successivement chacune des 6 autres phrases de l'exercice 1. S'assurer si les élèves en comprennent bien le sens, et faire les mêmes questions que sur la première phrase. Avoir soin de faire épeler tous les mots.

Devoir écrit. — Les élèves copieront, à la maison, l'exercice N° 1, et écriront à la suite, en ménageant un intervalle d'une ligne, tous les noms qui s'y trouvent.

Correction du devoir. — Le lendemain, les cahiers sont remis au maître, qui corrigera les fautes qui auront pu se glisser dans la copie de l'exercice ou dans les noms à relever.

Transcription du devoir. — Après la correction, les élèves mettront le devoir au net, sur un cahier spécial.

NOMS QUI DÉSIGNENT DES ANIMAUX.

D. Comment s'appelle l'animal qui donne du lait ? — R...

D. Comment s'appelle l'animal qui conduit la charrue ? — R.....

D Quel nom donne-t-on aux animaux qui volent dans l'air ? — R.....

D. Quels sont les animaux qui détruisent les insectes ? R.....

D. Quel est l'animal qui fait la guerre aux rats et aux souris ? — R.....

D. Nommez les principaux oiseaux qui sont dans nos jardins ? — R.......

D. Les mots *vache, cheval, bœuf, oiseau, insecte, chat, souris, rat, moineau, fauvette,* servent-ils à désigner des personnes ? — R.......

D. A quoi sert le mot *vache ?* — R......

D. A quoi sert le mot *cheval ?* — R.......

D. A quoi sert le mot *insecte ?* — R.....

Conclusion. — Les mots qui servent à nommer des animaux sont également des noms.

D. Pourquoi le mot *vache* est-il un nom ? — R.....

D. Pourquoi le mot *moineau* est-il un nom ? — R....

Faire faire ensuite successivement les exercices 5, 6, 7, 8, et 9.

NOMS QUI DÉSIGNENT DES CHOSES.

Le maître, montrant un livre, demande comment s'appelle cet objet ? — R.... Et celui-ci ? — R....

D. Où êtes-vous en ce moment ? — R....

D. Où habitent les personnes ? — R....

D. Où loge-t-on les animaux domestiques ? — R....

D. Les mots *livre, règle, école, maison, écurie, étable,* servent-ils à nommer des personnes ou des animaux ? — R......

D. A quoi servent-ils ? R. Ils servent à nommer des choses.

Conclusion. — Les mots qui servent à nommer des choses sont aussi des noms.

D. Qu'est le mot *maison ?* — R....

D. Pourquoi le mot *maison* est-il un nom ? — R. Le mot maison est un nom, parce qu'il sert à nommer une chose.

Faire faire ensuite les exercices 10, 11 et 12.

Quel intérêt des leçons faites d'après cette méthode n'offrent-elles pas pour le maître et pour les élèves !

On nous accusera peut-être de nous étendre outre mesure sur des questions qui, de prime abord, paraissent si faciles à pénétrer dans l'entendement.

Vingt exercices sur la définition du nom !

Est-ce possible ?

Le but à atteindre par nos exercices ne consiste pas uniquement à apprendre aux enfants à définir le nom ou le verbe, et à reconnaître ces parties du discours dans une proposition. Un intérêt plus sérieux s'y attache.

En copiant les mots et les phrases, les enfants se familiariseront de jour en jour davantage avec la connaissance de l'orthographe d'usage, qu'ils apprendront ainsi en même temps qu'ils appliqueront l'orthographe de principes.

Tous les mots à copier devront offrir à l'enfant une idée nette et précise. Le maître désireux d'obtenir ce résultat sera dans l'obligation d'expliquer le sens des mots et des phrases, et de s'assurer si les écoliers comprennent ce qu'ils écrivent.

Les questions posées éveilleront l'attention des élèves, les obligeront à réfléchir, à chercher les mots propres, à les énoncer dans l'ordre voulu et à les présenter dans la forme grammaticale convenable à l'idée qu'ils veulent exprimer.

D'un autre côté, le devoir de l'instituteur étant de donner l'éducation qui forme le cœur à la vertu, le maître aura soin, tout en ornant l'esprit des enfants, de faire appel aux sentiments de l'âme, toutes les fois que l'occasion s'en présentera. De cette manière, l'instruction générale des élèves et leur éducation intellectuelle et morale s'accroîtront en même temps.

Mais pour obtenir ces précieux résultats, l'instituteur devra toujours parler à l'intelligence de l'enfant, confier tout à son jugement, le faire beaucoup penser, réfléchir et parler, et ne jamais lui faire réciter ou écrire des mots, sans en avoir préalablement expliqué le sens.

« Les mots pour les pensées, les pensées pour le cœur et la vie, » a dit le P. Girard.

EXERCICES

NOMS QUI DÉSIGNENT DES PERSONNES [*].

1

Copier l'exercice suivant et transcrire, à la suite, les noms qui s'y trouvent.

Le maître a récompensé son élève studieux. — Ma cousine reviendra demain. — Le médecin soigne ma tante malade. — L'enfant doit obéir à son père et à sa mère. — Le frère de Paul sera bientôt de retour. — Nous attendons le menuisier et le serrurier. — Soulageons le pauvre.

2

Copier les phrases suivantes et en relever les noms, comme dans l'exercice numéro 1.

Dieu est tout-puissant. — Jésus-Christ est le fils de Dieu fait homme. — L'instituteur réprimande son écolier dissipé. — Ma sœur berce mon petit frère. — Mon camarade se promènera avec moi. — Nous irons ensemble chez mon oncle. — Mon cousin est allé chez son tailleur. — Cet écolier est laborieux.

3

Copier les phrases suivantes et en relever les noms.

Jacques sortira à l'instant avec son parrain. — Le ferblantier désire parler à votre neveu. — Notre jardinier est rentré. — Antoine se réjouit de revoir sa marraine. — Le fils de Paul est un ouvrier habile. — Le bon élève travaille assidûment. — Henri a perdu son père. — Mon voisin est malade.

---

[*]. Voir la préface, p. 9.

DÉFINITION : Le nom est un mot qui sert à nommer une personne. Les mots **maître, père, Henri, serrurier,** sont des noms.

4

Indiquer, par écrit, pourquoi les mots *élève, Henri, père, fils, serrurier, parrain, camarade,* sont des noms.

> Ex.: le mot *élève* est un nom, parce qu'il sert à nommer une personne.
> Le mot *Henri* est un nom, parce qu'il sert à nommer une personne.
> Le mot *père*.............................

NOMS QUI DÉSIGNENT DES ANIMAUX *.

5

Copier les phrases suivantes et en relever les noms.

Le cheval nous est très-utile. — Le chat attrape les souris et les rats. — La chèvre broute. — Le chien aboie. — Nous avons vendu notre vache et son veau. — La poule est pleine de tendresse pour ses poussins. — L'âne est sobre et patient. — La fourmi est un insecte nuisible.

6

Copier les phrases suivantes et en relever les noms.

La fauvette et le rossignol chantent agréablement. — L'écureuil est très-agile. — L'abeille diffère beaucoup de la guêpe. — Le sanglier est un porc sauvage. — Nous avons acheté un lièvre et une perdrix. — Avez-vous déjà vu un loup ou un renard? — L'hirondelle se nourrit d'insectes.

—

*. Voir la préface, p. 10.

DÉFINITION : Le nom sert aussi à nommer un animal. Les mots **cheval**, **poule**, **fourmi**, sont des noms.

7

Dire pourquoi les mots *cheval, sanglier, poule, fauvette, souris, moineau, abeille,* sont des noms.

Le mot *cheval* est un nom, parce qu'il sert à nommer un animal.

Le mot *sanglier* est un nom, parce qu'il sert à nommer un animal.

Le mot *poule*..

NOMS QUI DÉSIGNENT DES PERSONNES OU DES ANIMAUX.

8

Classer les noms suivants en deux colonnes : dans la colonne de gauche mettre les noms qui désignent des *personnes,* et dans celle de droite ceux qui désignent des *animaux.*

le * pinson, Henri, le bœuf, le cultivateur, un écolier, le chat, un voleur, le curé, le notaire, une mouche, la brebis, la fille, le domestique, le coucou, Simon, un vigneron, une guêpe, la fourmi, le brochet, un mouton, une institutrice, le tigre, la tortue.

9

Copier les phrases suivantes ; puis classer en deux colonnes les noms qui s'y trouvent.

Le maréchal ferre le cheval. — Mon père a acheté un bœuf. — Paul a vendu ses moutons. — Le charpentier scie. — Le poisson nage. — Le prêtre console. — Le cheval et l'âne portent l'homme. — La brebis broute. — La chèvre est une bête capricieuse.

*. C'est à dessein que nous ne commençons pas, par une lettre majuscule, les exercices tels que le numéro 8.

NOMS QUI DÉSIGNENT DES CHOSES *.

10

Copier les phrases suivantes et en relever les noms.

Le drapeau flotte sur ce bâtiment. — La roue du moulin tourne rapidement. — La voiture roule sur le pavé. — Les feuilles tombent en automne. — Mettez votre cahier sur le bureau et votre livre dans la commode. — Le bateau vogue sur la rivière. — Le haricot est un légume très-nourrissant.

11

Copier les phrases suivantes et en relever les noms.

Le chêne est un arbre et le rosier un arbuste. — La vapeur monte dans l'air. — La rose et la tulipe embellissent notre jardin. — L'eau de la rivière a débordé. — La cloche de la cathédrale sonne actuellement. — Dans ce village, la mairie est près de l'église. — La faîne est le fruit du hêtre.

—

DÉFINITION : Le nom sert également à nommer une chose. Les mots **maison, cloche, cahier,** sont des noms.

12

Indiquer pourquoi les mots *voiture, village, rose, cloche, commode, rivière maison, arbre,* sont des noms.

Le mot *voiture* est un nom, parce qu'il sert à nommer une chose.

Le mot *village* ....

NOMS QUI DÉSIGNENT DES PERSONNES, DES ANIMAUX OU DES CHOSES.

13

Classer les noms suivants en trois colonnes, selon qu'ils désignent une personne, un animal ou une chose.

le panier, une muraille, un marchand, l'école, un

* . Voir la préface, p. 11.

banc, le vitrier, une oie, un canard, une pioche, une demoiselle, le boulanger, Antoine, une brebis, un dindon, Victor, le coq, un encrier, le nez, une alouette, la plume, un canif, une pie, un écolier, un nègre.

14

Même exercice que le précédent, sur les noms qui suivent :

le roi, une écolière, un chou, le tigre, Simon, le tailleur, du drap, un corbeau, une grenouille, le marteau, un sou, un soldat, la sauterelle, un taureau, le château, un officier, un bâton, le chameau, le chapelier, un crayon, un éléphant, un prince, le bois.

15

Dire pourquoi les mots *canard, boulanger, marteau, Simon, château, chapelier, grenouille, tigre, tableau,* sont des noms.

Le mot *canard* est un nom, parce qu'il sert à nommer un animal.

Le mot *boulanger*...

16

Copier les phrases suivantes et en classer les noms en trois colonnes, selon qu'ils désignent une personne, un animal ou une chose.

Pierre a remis de l'argent à son frère. — Henri fera bâtir une maison. — La poule est dans le poulailler. — Le corbeau a été trompé par le renard. — L'écureuil saute d'un arbre à l'autre. — Le cordonnier fait des bottes et des souliers. — Le maître instruit son élève. — Adèle a la figure pâle.

—

DÉFINITION GÉNÉRALE DU NOM : Le nom est un mot qui sert à nommer une personne, un animal ou une chose. Ex. : *père, cheval, arbre.*

17

Copier l'exercice suivant :

Celui qui mange avec excès, c'est-à-dire qui mange trop, est un gourmand. L'état du gourmand s'appelle la gourmandise. Il est mal d'être gourmand. La gourmandise est un vice. Celui qui ne mange et ne boit pas avec excès est sobre. L'état de l'homme sobre s'appelle la sobriété. Il est bien d'être sobre. La sobriété est une vertu.

Le maître expliquera que les mots *gourmandise* et *sobriété,* qui marquent l'état dans lequel nous pouvons nous trouver, sont des noms. Il en est de même des mots contenus dans l'exercice suivant, qui marquent de bonnes qualités ou de bonnes actions, ou bien de mauvaises qualités ou de mauvaises actions.

18

Copier les mots suivants : — Rendre compte du sens.

un bienfait, l'avarice, la jalousie, un mensonge, la dissipation, la haine, l'ingratitude, une injure, la cruauté, la justice, la bonté, la douceur, l'oisiveté, le travail, la calomnie, la bienveillance, la médisance, une aumône, le pardon, le respect, la docilité.

19

Copier les mots suivants, qui sont également des noms :

la grandeur, l'élévation, une course, la joie, un désir, un regard, un regret, la tristesse, la blancheur, l'utilité, l'égalité, le courage, la vie, l'étude, la santé, une maladie, le bonheur, la richesse, l'aisance, la pauvreté, la faiblesse, l'animation, la science.

DU GENRE DANS LES NOMS.

Développement pour le maître : Faire remarquer aux élèves que devant certains noms on met *le,* et devant d'autres *la.* Chaque élève nommera un ou plusieurs noms de chacune de ces deux catégories : *le père, le livre, le sanglier, le crayon ; la mère, la table, la vache, la plume,* etc.

Ajouter ensuite que les noms devant lesquels on met **le** sont appelés noms *masculins,* et ceux devant lesquels on met **la** sont appelés noms *féminins.*

Inutile, pour le moment, de parler du genre.

Diviser le tableau noir en deux parties, par une barre verticale, et écrire en tête, d'un côté : *noms masculins*, et de l'autre côté : *noms féminins*.

Un élève lit le premier nom de l'exercice 20, *le père*.

D. Pourquoi le mot *père*, est-il un nom ? — R. . . . .

D. Le nom *père* est-il masculin ou féminin ? — R. . . . .

D. Pourquoi le nom *père* est-il masculin ? — R. Le nom *père* est *masculin*, parce qu'on dit **le**.

Faire écrire ensuite ce mot dans la colonne des noms masculins.

Traiter de la même manière tous les autres noms de l'exercice 20. Avoir soin de faire définir tous ces noms : Ex. : Qu'est-ce qu'un *tailleur ?* — R. Un *tailleur* est un artisan qui fait des habits. — Qu'est-ce qu'une *maison ?* — R. Une *maison* est un bâtiment dans lequel habitent les personnes.

Faire aussi épeler tous les mots de l'exercice.

20

Classer les noms suivants en deux colonnes. Mettre dans la colonne de gauche les noms masculins, et dans celle de droite les noms féminins.

le père, le fils, la mère, le frère, la fille, le tailleur, le chemin, la lionne, la fleur, le lièvre, le pigeon, la colombe, la tante, la chemise, le coq, la chatte, le mouton, la sœur, le chien, le cerf, la maison, la four-rure, le fruit, le ciel, la paresse, le pays.

—

DÉFINITION : Un nom est *masculin* quand on dit **le**.
Ex.: *le père, le mouton, le crayon.*
Un nom est *féminin* quand on dit **la**.
Ex.: *la mère, la poule, la chaise.*

21

Indiquer pourquoi les noms suivants sont masculins ou féminins
père, mère, fleur, chatte, mouton, chemin, tante, coq.

Le mot *père* est un nom masculin, parce qu'on dit **le**.

Le mot *mère* est un nom féminin, parce qu'on dit **la**.

Le mot *fleur*. . . . .

22

Mettre **le** devant les noms masculins, **la** devant les noms fémi-nins.

garçon, menuisier, blanchisseuse, perroquet, paresse, boucher, porc, cousine, bergère, marchande, lièvre, fer, gendarme, pierre, boulangère, soldat, bêche, permission, nourrice, gourmandise, chariot, travail, meunier, table, rossignol, chaise, jardin.

Faire remarquer qu'en place de **le** on peut aussi mettre **un,** *le père, un père; le panier, un panier,* etc. ; et en place de **la** on peut mettre **une,** *la mère, une mère ; la casquette, une casquette,* etc.

Un nom est donc aussi masculin quand on dit **un,** et féminin quand on dit **une.**

D. Pourquoi le mot *panier* est-il un nom masculin ? — R. Le nom *panier* est un nom masculin, parce qu'on dit **un.**

D. Qu'est-ce qu'un *panier ?* — R. . . . .

D. Pourquoi le mot *panier* est-il un nom ? — R. . . . .

D. Épelez le mot panier.

23

Faire une liste des noms masculins et une liste des noms féminins.

un panier, une casquette, un père, un grenier, une blouse, une chaumière, un chemin, un cousin, un prêtre, une religieuse, un pommier, une poule, un livre, une main, une couturière, un caillou, un regard, un nez, une pioche, une fauvette, une marraine.

DÉFINITION : Un nom est aussi *masculin* quand on dit **un.** Ex. : *un fils, un moineau, un livre.*

Un nom est aussi *féminin* quand on dit **une.** Ex.: *une marraine, une fauvette, une table.*

24

Faire une liste des noms masculins et une liste des noms féminins.

la porte, le nid, le pied, une souris, un mouton, une muraille, la boutique, une église, un banc, une table, le bateau, le canif, une charrue, le château, la sobriété, la prière, un pupitre, la reine, le cahier, un sanglier, une grenouille, une plaine, la haine, le coq.

DÉFINITION GÉNÉRALE : Un nom est *masculin* quand on dit **le** ou **un**. Ex. : *un père, le papier, un pinson.*

Un nom est *féminin* quand on dit **la** ou **une**. Ex. : *la sœur, une caille, la plume.*

25

Indiquer, par écrit, pourquoi les noms suivants sont masculins ou féminins : *tante, travail, pomme, toupie, pied, cour, sanglier, livre.*

Le nom *tante* est féminin, parce qu'on dit **la** ou **une**.

Le nom *travail* est masculin, parce qu'on dit **le** ou **un**.

Le nom *pomme*..

26

Copier les phrases suivantes :

Le cuivre est rouge. — La soupière est creuse. — La règle est droite. — Le vieux fer est rouillé. — La craie est friable. — Le vin fermente dans une cuve. — Le brochet est un poisson. — Le serpent est un reptile. — La guêpe est une mouche. — Le serrurier forge la clef et ferre la porte. — La violette est une fleur. — Le coucou est un oiseau.

27

Écrire séparément les noms masculins et les noms féminins contenus dans l'exercice précédent ; puis indiquer, par écrit, pourquoi les mots suivants sont des noms : *cuivre, serrurier, guêpe, porte, mouche.*

28

DÉFINITION : Le masculin et le féminin s'appellent le **genre**. Le *genre* est donc le masculin et le féminin.

———

Compléter les phrases suivantes :

Le nom *papier* est du genre masculin, parce qu'on dit **le** ou **un**.

Le nom *mère* est du genre féminin, parce qu'on dit **la** ou **une**.

Le nom *rivière*..
Le nom *capitaine*..
Le nom *charrette*...
Le nom *moineau* ....
Le nom *voyageur*..
Le nom *glace*...

29

Compléter les indications suivantes :

l'élève = le élève.	l'officier = ...	l'avare = ...
l'ouvrier = ...	l'orme = ...	l'atelier = ...
l'escalier = ...	l'enfant = ...	l'obstacle = ...
l'écolier = ...	l'étang = ...	l'incendie = ...
l'agneau = ...	l'ignorant = ...	l'uniforme = ...
l'épicier = ...	l'aveugle = ...	l'ami = ...

—

RÈGLE : Quand un nom masculin commence par une des lettres *a, e, é, è, i, o, u,* on remplace le petit mot **le,** qui se trouve devant le nom, par **l'**. Le signe ' mis à la place de la lettre **e** s'appelle **apostrophe.** Ainsi on dit : l'*enfant* pour **le** *enfant.*

30

Mettre **le** ou **l'** devant les noms masculins suivants :

fauteuil, cordon, écolier, temple, foyer, élève, jardin, maître, atelier, arbre, papier, devoir, ami, argent, lion, bœuf, escargot, prunier, écureuil, miroir, abricot, trou, usage, océan, pinceau, vieillard, officier, individu, canal, paysage, esclave, morceau.

31

Compléter les indications suivantes :

l'âme = la âme.	l'obligeance = ...	l'anguille = ...
l'épouse = ...	l'écolière = ...	l'usure = ...
l'ouvrière = ...	l'Allemagne = ...	l'instruction = ...
l'amitié = ...	l'eau = ...	l'imprudence = ...
l'obéissance = ...	l'image = ...	l'occasion = ...

—

RÈGLE : Quand un nom féminin commence par une des lettres *a, e, é, è, i, o, u,* on remplace le petit mot **la,** qui se trouve devant le nom, par **l'**. Le signe ' mis à la place de la lettre **a** s'appelle aussi *apostrophe*. Ainsi on dit : **l'**âme pour **la** âme.

L'apostrophe sert donc à remplacer la lettre **e** dans le mot **le**, ou la lettre **a** dans le mot **la**.

Les lettres *a, e, é, è, i, o, u* portent le nom de **voyelles**.

32

Mettre **la** ou **l'** devant les noms féminins suivants :

tante, plume, occupation, paresse, chaîne, corde, armoire, image, récompense, alouette, attention, feuille, arme, dinde, étable, boucherie, enclume, chatte, carpe, obéissance, violette, lampe, anguille, fourmi, cerise, ville, chaise, église, émotion, nuit.

33

Compléter les indications suivantes :

Ex. : l'homme = le homme.

l'habitant = ...	l'héroïsme = ...	l'hospice = ...
l'habit = ...	l'historien = ...	l'hôtel = ...
l'hameçon = ...	l'hiver = ...	l'horloger = ...
l'harmonium = ..	l'hommage = ...	l'huissier = ...
l'héritage = ...	l'hôpital = ...	l'habillement = ..

—

RÈGLE : Devant un nom masculin commençant par une **h** muette, c'est-à-dire une **h** qui ne se prononce pas, on remplace **le** par **l'**.

34

Compléter les indications suivantes :

Ex. : l'habileté = la habileté.

l'heure = ...	l'hérésie = ...	l'humanité = ...
l'histoire = ...	l'honnêteté = ...	l'humilité = ...
l'habitation = ...	l'horloge = ...	l'hyène = ...
l'habitude = ...	l'horreur = ...	l'hermine = ...
l'haleine = ...	l'huître = ...	l'hypothèque = ..

—

RÈGLE : Devant un nom féminin commençant par une **h** muette, on remplace **la** par **l'**.

35

Compléter les indications suivantes :

l'élève = …	l'huile = …	l'anguille = …
l'histoire = …	l'image = …	l'épicier = …
l'enfant = …	l'agneau = …	l'occasion = …
l'hiver = …	l'uniforme = …	l'homme = …
l'obéissance = …	l'heure = …	l'hôpital = …

—

RÈGLE GÉNÉRALE : Devant un nom masculin ou féminin qui commence par une voyelle ou une **h** muette, on supprime **e** dans le petit mot **le** et **a** dans le petit mot **la**, et on remplace chacune de ces deux lettres supprimées par une apostrophe.

36

Mettre **le, un** ou **l', un** devant les noms masculins suivants : Ex. : *le frère, un frère ; l'enfant, un enfant ; l'habit, un habit.*

frère, enfant, habit, désir, tonneau, verre, fusil, habitant, couteau, échange, vaisseau, homme, air, espace, horloger, marché, enfant, travail, nègre, drap, encrier, lézard, âne, peuplier.

37

Mettre **la, une** ou **l', une** devant les noms féminins suivants Ex. : *la forêt, une forêt ; l'eau, une eau ; l'histoire, une histoire.*

forêt, eau, histoire, muraille, servante, couverture, imprudence, ressemblance, armée, conscience, blessure, humeur, viande, amitié, soie, araignée, prière, vallée, source, armoire, sardine.

38

Mettre **le, un** ou **l', un ; la, une** ou **l', une** devant les noms masculins ou féminins suivants :

cheval, bruit, maison, espace, intelligence, arbre, écuyer, huile, corridor, éléphant, humilité, parole, appartement, habit, route, absence, drap, figure, visage, noisette, officier, alouette, pigeon.

39

Copier les phrases suivantes. — LE MAITRE, après avoir expliqué le sens de chaque mot et de chaque phrase, demandera aux élèves pourquoi les mots *apprenti*, *maître*, etc., sont des noms, et pourquoi ces noms sont du genre masculin ou féminin.

L'apprenti doit imiter son maître. — L'affamé a besoin de nourriture. — L'avare se méfie de son domestique. — L'écolier se flatte de remporter un prix. — L'ignorant a besoin d'instruction. — L'inondation est nuisible à la terre labourée. — L'estomac sert à la digestion. — L'étain sert à l'étamage. — Aimons et servons Dieu.

—

REMARQUE. — Devant les noms masculins, on peut aussi mettre d'autres mots que **le, un, l'**.

Ainsi on peut dire *le* cahier, *un* cahier, *ce* cahier, *mon* cahier, *ton* cahier, *son* cahier, *notre* cahier, *votre* cahier, *leur* cahier, *certain* cahier, *au* cahier, *tel* cahier, *quel* cahier.

Quel que soit le mot qu'on place devant *cahier*, ce nom reste invariablement du genre masculin, parce qu'on peut toujours dire *le* cahier ou *un* cahier et jamais *la* cahier ou *une* cahier.

40

Copier les phrases suivantes :

Le cahier de Pierre est malpropre. — J'ai acheté un cahier. — Ce cahier aurait besoin d'être cousu. — Mon cahier est neuf. — Ton cahier est fini. — Tel cahier est bien soigné et tel autre est barbouillé. — Aucun cahier ne sera demandé. — La couverture du cahier est déchirée. — Donnez tous vos soins au cahier de devoirs.

—

REMARQUE. — Devant les noms féminins, on peut aussi mettre d'autres mots que **la, une. l'**.

Ainsi on peut dire *la* plume, *une* plume, *cette* plume, *ma* plume, *ta* plume, *sa* plume, *notre* plume, *votre* plume, *leur* plume, *telle* plume, *aucune* plume, *quelle* plume, etc.

Quel que soit le mot qu'on place devant *plume*, ce nom reste invariablement du genre féminin, parce qu'on peut toujours dire *la* plume ou *une* plume, et jamais *le* plume ou *un* plume.

41

Copier les phrases suivantes :

La plume que vous m'avez donnée est usée. — Vous avez trouvé une plume. — Ma plume est bonne. — Ta plume est en acier. — Sa plume ne me convient pas. — Telle plume sert pour écrire en gros et telle autre pour écrire en fin. — Aucune plume de cette boîte ne peut me servir. — Dis-moi quelle plume tu m'as donnée ?

DU NOMBRE DANS LES NOMS.

Expliquer aux élèves qu'un nom peut désigner une seule personne, un seul animal ou une seule chose.

D. Quand on dit *le père*, de combien de pères parle-t-on ? R...

D. Quand on dit *la fourmi*, *mon cahier*, de combien de fourmis, de combien de cahiers parle-t-on ? R. . . . . . .

CONCLUSION : Lorsqu'on parle d'une seule personne, d'un seul animal, d'une seule chose, le nom est au **singulier,** parce que le mot **singulier** veut dire **un seul.**

Écrire au tableau noir : *le père aime son enfant ; — la fourmi est un insecte nuisible ; — mon cahier est décousu.*

D. Pourquoi le mot *père* est-t-il un nom ? R. . . . . . .

D. De quel genre est le nom *père ?* R. . . . . . .

D. Pourquoi ce nom est-il au singulier ? — R. Ce nom est au singulier, parce qu'on parle d'une seule personne.

Questions analogues sur les deux autres phrases. Faire aussi définir, au point de vue du sens, les mots *fourmi, insecte, nuisible, décousu.*

Expliquer ensuite aux élèves qu'un nom est au pluriel quand on parle de plusieurs personnes, de plusieurs animaux ou de plusieurs choses. Appeler l'attention des enfants sur le sens du mot **pluriel,** qui veut dire **plusieurs.**

42

Classer les noms suivants en deux colonnes : mettre dans la colonne de gauche les noms au singulier, et dans celle de droite les noms au pluriel.

le père, les cahiers, un fauteuil, le cheval, des élèves, cet âne, les enfants, ce moineau, un village, ces devoirs, un médecin, les marchands, son habit, cet ouvrier, le carrosse, l'écolier, mes souliers, du lait, le pain, ce linge, des œufs, ces poissons, un chrétien, ces arbres, nos moissonneurs, les murs, ces crayons.

43

Classer les noms suivants en deux colonnes : singulier et pluriel.

une maison, les feuilles, des brebis, les cloches, une plume, la poule, cette auberge, la prairie, des tasses, les souris, cette salle, des briques, les eaux, la cheminée, ma maison, ces vitres, la laine, la nuit, des cerises, une parole, les nations, la route, les pommes, une pierre, l'image, les histoires.

44

Classer les noms suivants en deux colonnes : singulier et pluriel.

un fruit, les murailles, un chant, des cahiers, une cathédrale, la tante, mes frères, ta main, le soleil, les grains, la ville, une vigne, ce chat, ces animaux, la force, un danger, des fraises, les montagnes, les bergers, l'hirondelle, ces forêts, mes cousins, les cerfs, ces histoires, l'encrier.

—

DÉFINITION : Un nom est au **singulier** quand on parle d'une seule personne, d'un seul animal ou d'une seule chose. Ex. : *le père, un oiseau, ce crayon.*

Le mot **singulier** veut dire **un seul.**

Un nom est au **pluriel** quand on parle de plusieurs personnes, de plusieurs animaux ou de plusieurs choses. Ex. : *les enfants, des oiseaux, ces plumes.*

Le mot **pluriel** veut dire **plusieurs.**

45

Dire pourquoi les noms suivants sont au singulier ou au pluriel : *un père, des planches, ce moineau, la craie, des enfants, ma sœur, les fauvettes, mes souliers.*

Le nom *père* est ici au singulier, parce qu'on parle d'une seule personne.

Le nom *planches* est ici au pluriel, parce qu'on parle de plusieurs choses.

Le nom *moineau*..............................

46

Copier les phrases suivantes :

Les souliers chaussent les pieds. — La vache donne du lait. — La brebis fournit la laine. — Les poissons habitent les eaux. — Ne vous moquez jamais des malheureux. — Nous devons aimer notre patrie. — Le boucher tue les bestiaux. — Le jardinier greffe les arbres. — La récolte récompense le laboureur. — Le menuisier rabotte les planches. — Le maire administre une commune.

—

DÉFINITION : Le singulier et le pluriel s'appellent le **nombre**. Le nombre est donc le singulier et le pluriel.

47

A quel nombre sont les noms suivants contenus dans l'exercice 46 : *souliers, maire, vache, boucher, arbres, lait, poissons, planches, pieds, laboureur.*

Le nom *souliers* est ici au nombre pluriel.
Le nom *maire* est ici au nombre singulier.
Le nom *vache* ....

48

Pourquoi les noms *souliers, maire, vache, boucher, arbres, lait, poissons,* contenus dans l'exercice 46, sont-ils au nombre singulier ou au nombre pluriel ?

Le nom *souliers* est ici au nombre pluriel, parce qu'on parle de plusieurs choses.
Le nom *maire* ....

FORMATION RÉGULIÈRE DU PLURIEL DANS LES NOMS.

Le maître écrira, en deux colonnes, une série de noms au singulier et au pluriel.

Exemple : le crayon   les crayons
    une rave   des raves
    mon oncle   mes oncles

D. Le mot crayon est-il écrit dans les deux cas de la même manière ? R. . . . . . .

D. En quoi l'orthographe de ce mot diffère-t-elle dans les deux cas ? R. . . . . .

D. Que prend le nom quand il est au pluriel? R. . . . . .

49

Mettre les noms suivants en deux colonnes : d'un côté le singulier, de l'autre côté le pluriel.

le crayon, les...	la lame, les...	le fruit, les...
le père, les...	la table, les...	le voyageur, les...
la pipe, les...	la lime, les...	la dame, les...
la rave, les...	le médecin, les...	la fourchette, les..
le sabre, les...	la maison, les...	le pinson, les...
le pré, les...	le tabouret, les...	le cygne, les...

50

Mettre les noms suivants au pluriel :

l'élève, les...	l'habitude, les...	l'occasion, les...
l'armoire, les...	l'ignorant, les...	l'hospice, les...
l'homme, les...	l'horloge, les...	l'heure, les...
l'escalier, les...	l'avare, les...	l'image, les...
l'écolière, les...	l'atelier, les...	l'esclave, les...

51

Mettre les noms suivants au pluriel :

un salon, des...	une table, des...	une araignée, des.
une porte, des...	une fenêtre, des..	un coq, des...
un crayon, des...	une classe, des...	une dinde, des...
un canif, des...	une écurie, des...	un dindon, des,..
un homme, des...	un rat, des...	un lion, des...

52

Mettre les noms suivants au pluriel :

mon enfant, mes..	leur cour, leurs...	un litre, six...
ton tablier, tes...	ce nuage, ces...	un sabotier, deux.
son champ, ses...	cet élève, ces...	ma blouse, mes...
ce soulier, ces...	cette route, ces...	notre armoire, nos.
ta sœur, tes...	un franc, quatre..	votre cuisine, vos.

53

Mettre au pluriel :

le rocher, les...   ce drap, ces...   une feuille, des...
ma fenêtre, mes..   son sabre, ses...   ton pantalon, tes..
la prairie, les...   une chemise, six..   la montagne, les..
la colline, les...   l'école, les...   un corridor, des..
un arbre, des...   l'horloge, les...   cette remise, ces..

—

RÈGLE : Devant les noms au singulier, on met les mots **le, l', un, ce, cet, mon, ton, son, notre, votre, leur, la, une, cette, etc.**

Devant les noms au pluriel on met les mots **les, des, ces, mes, tes, ses, nos, vos, leurs, deux, trois, etc.**

RÈGLE : Le nom prend un **s** au pluriel.

Ex. : *le père, les pères ; cette alouette, ces alouettes ; mon crayon, mes crayons.*

54

Mettre les noms suivants au singulier.

les vases, le...   ces caves, cette...   les concombres, le.
des ânes, un...   les dames, la...   ces haricots, ce...
des fêtes, une...   nos amis, mon...   des limaces, une..
les amis, l'...   les blouses, la...   les habitants, l'...
tes livres, ton...   les salades, la...   des cahiers, un...

55

Copier les phrases suivantes :

Le jardinier nettoie le jardin. — Le vent abat les feuilles. — Nous ramasserons des châtaignes. — Je porte les pommes. — La France est notre patrie. — Les chouettes volent pendant la nuit : ce sont des oiseaux nocturnes. — Les hirondelles volent pendant le jour : ce sont des oiseaux diurnes. — Le hibou est un oiseau nocturne. — La mésange est un oiseau diurne.

56

Analyser les noms suivants contenus dans l'exercice 55 : *jardi-*

nier, châtaignes, jardin, chouettes, oiseaux, mésange, vent, patrie, nuit, France.

jardinier, nom masculin singulier.
châtaignes, nom féminin pluriel.
jardin, ...

57

Copier les phrases suivantes :

L'écolier assidu sera récompensé. — Les ânes sont très-sobres pour la nourriture. — Ces pierres sont tendres. — Le sage mange pour vivre ; le gourmand vit pour manger. — Obéir à ses parents, c'est obéir à Dieu. — La bonté divine fait croître toutes nos plantes. — Les ivrognes se ravalent au-dessous de la brute.

58

Analyser les noms suivants contenus dans l'exercice 57 ; *écolier, ânes, nourriture, pierres, parents, Dieu, bonté, plantes, ivrognes, terre.*

écolier, nom masculin singulier.
ânes, nom masculin pluriel.
nourriture, ...

DÉFINITION DE L'ADJECTIF QUALIFICATIF.

Le maître écrit au tableau noir : *Cet élève est laborieux.*

D. Quand un élève est-il laborieux ? R. Un élève est laborieux quand il aime le travail.

D. De quel nom est dérivé le mot *laborieux?* R. Le mot *laborieux* est dérivé du nom *labeur*, qui a le même sens que travail.

D. Nommez d'autres mots de la même famille que *labeur* et *laborieux?* R. *Labourer, laboureur, labourage.*

D. Quel est le mot, dans cette phrase, qui marque comment est cet élève ? R. ....

Le Maître : « Les mots qui marquent comment sont les personnes s'appellent, en grammaire, **adjectifs qualificatifs.** »

D. D'après cette explication, y a-t-il un adjectif qualificatif dans notre phrase ? R. ....

D. Pourquoi le mot *laborieux* est-il un adjectif qualificatif ? R. ....

D. Nature, genre et nombre du mot *élève.*

59

1er DEVOIR : Copier les phrases. — 2e DEVOIR : Classer en deux colonnes les noms et les adjectifs qualificatifs.

Cet élève est laborieux. — Ce vieillard est aveugle. — Cet enfant est blond. — Ce laboureur est soigneux. — Ce garçon est méchant. — Cet homme est ingrat. — Ta mère est âgée. — Mon maître est habile. — Cette veuve est indigente. — Mon père est mécontent. — Cet agriculteur est actif. — Ton voisin est querelleur.

—

DÉFINITION : L'adjectif qualificatif est un mot qui marque comment sont les personnes. Ex. : *Cet élève est laborieux* ; le mot **laborieux** est un adjectif qualificatif.

———

Expliquer que l'adjectif qualificatif peut aussi marquer comment sont les animaux. Ex. : *Le tigre est féroce.*
D. Comment est le tigre ? R....
D. Quel mot marque comment est le tigre ? R....
D. Pourquoi le mot *féroce* est-il un adjectif qualificatif? R....
D. Que veut dire le mot *féroce* ? R. . . . .
D. Où vivent les animaux *féroces* ? R. . . . .
D. Nature, genre et nombre du mot *tigre* ? R. . . . .

60

1er DEVOIR : Copier les phrases. — 2e DEVOIR : Classer en deux colonnes les noms et les adjectifs qualificatifs.

Le tigre est féroce. — L'abeille est diligente. — Le chat est faux. — Le cheval est fier. — Le taureau est vigoureux. — Le chevreuil est timide. — La brebis est patiente. — La fourmi est laborieuse. — Le renard est rusé. — Le coq est querelleur. — Le sanglier est courageux. — L'éléphant est intelligent. — La pie est voleuse.

—

DÉFINITION : L'adjectif qualificatif marque aussi comment sont les animaux. Ex. : *Le tigre est féroce* ; le mot **féroce** est un adjectif qualificatif.

———

Écrire au tableau noir : *Le cuivre est rouge.* — *Le canif est pointu*, et expliquer que l'adjectif qualificatif peut également marquer comment sont les choses.

61

1er DEVOIR : Classer les phrases. — 2e DEVOIR : Classer en deux colonnes les noms et les adjectifs qualificatifs.

Le cuivre est rouge. — L'herbe est verte. — Le plomb est gris. — Cette nappe est blanche. — Ce livre est carré. — Cette balle est ronde. — Ce canif est pointu. — La craie est friable. — Le verre est cassant. — Ce fil est long. — Le citron est ovale. — L'assiette est plate. — Ce drap est bleu. — La porcelaine est fragile. — Ce tuyau est mince.

—

DÉFINITION : L'adjectif qualificatif marque également comment sont les choses. Ex. : *Le cuivre est rouge* ; le mot **rouge** est un adjectif qualificatif.

62

1er DEVOIR : Copier les phrases. — 2e DEVOIR : Classer en deux colonnes les noms et les adjectifs qualificatifs.

L'âne est entêté. — Cet enfant est aimable. — Cette feuille est jaune. — La fonte est noire. — Notre servante est impertinente. — Voilà du papier rose. — L'or est jaune. — Le chat est hypocrite. — Cette dame est charitable. — La poix est tenace. — Louis est petit. — Le marbre est poli. — Le corbeau est noir.

—

DÉFINITION GÉNÉRALE : L'adjectif qualificatif est un mot qui marque comment sont les personnes, les animaux ou les choses. Les mots **grand, blond, aimable, rond,** sont des adjectifs qualificatifs.

63

Copier les phrases suivantes :

Voici un beau château. — Vous avez fait une bonne action. — Un enfant docile fait le bonheur de ses parents. — La terre glaise est tendre. — Le vin nouveau fermente dans les cuves. — J'ai changé un lapin gris contre un serin vert. — Le lion est l'animal le plus fort, mais il n'est pas aussi féroce ni aussi sanguinaire que le tigre.

64

Dire pourquoi les mots *beau, bonne, docile, tendre, nouveau, gris, vert, fort,* contenus dans l'exercice 63, sont des adjectifs qualificatifs.

Le mot *beau* est un adjectif qualificatif, parce qu'il marque comment est le château.

Le mot *bonne*...

FORMATION RÉGULIÈRE DU PLURIEL DANS LES ADJECTIFS QUALIFICATIFS.

Puisque l'adjectif qualificatif est au service du nom, il doit s'accorder avec lui. Ex. : *le bon père.* Dans cette phrase, le nom est au singulier ; l'adjectif qualificatif doit aussi être au singulier. — Ex. : *les bons pères.* Le nom *pères* étant ici au pluriel, l'adjectif qualificaf *bons* devra aussi être au pluriel.

D. Que prend le nom au pluriel ? R. . . . . .

De même que le nom, l'adjectif qualificatif prend un **s** au pluriel.

65

Mettre tous les mots au pluriel.

le bon père, les...   une cave obscure, des...
une chambre claire, des...   une plume molle, des...
l'arbre vert, les...   une ardoise dure, des...
la grande maison, les...   la lente tortue, les...
un cœur pur, des...   une lame polie, des...
la petite fille, les...   le costume élégant, les...

—

RÈGLE : De même que le nom, l'adjectif qualificatif prend un **s** au pluriel. Ex. : *le bon père, les bons pères.*

66

Mettre au pluriel :

une plume dure, des...   la belle prune, les...
une ardoise polie, des...   une baguette courbée, des..
le livre sale, les...   le petit pied, les...
un mouchoir propre, des...   le bon chrétien, les...
le tigre cruel, les...   la rue large, les...
une targette mobile, des...   la grande cour, les...

67

Mettre au pluriel :

cette robe neuve, ces...   un âne rétif, des...
cet ouvrier actif, ces...   ce ruban bleu, ces...
ce livre instructif, ces...   un linge sec, des...
la petite mouche, les...   l'écolier attentif, les...
le méchant chien, les...   la grosse poutre, les...
l'enfant négligent, les...   cette rue large, ces...

68

Mettre au pluriel :

le bon élève, les...   un ami fidèle, des...
un bon livre, des...   une personne modeste, des.
la jeune fille, les...   cet arbre fruitier, ces...
la mauvaise herbe, les...   un homme aveugle, des...
l'histoire instructive, les... ce jeune avocat, ces...
un prêtre zélé, des...   l'âne patient, les...

69

Copier les phrases suivantes :

Cette jeune fille a donné une aumône à ce pauvre aveugle, afin de soulager un peu sa misère. — Les bords de la Loire sont fertiles. — Une mauvaise habitude est quelquefois difficile à déraciner. — Ces élèves indociles ont causé pendant la leçon, malgré la défense de leur maître. — L'homme vertueux n'est pas toujours heureux ici-bas, mais il peut être sûr de l'être un jour.

70

Classer en deux colonnes les noms et les adjectifs qualificatifs contenus dans l'exercice précédent.

71

Compléter les phrases suivantes, dont les mots sont tirés du numéro 69.

Le mot *fille* est un nom, parce...
Le mot *Loire* est un nom, parce...

Le mot *jeune* est un adjectif qualificatif, parce…
Le mot *fertiles* est un adjectif qualificatif, parce…
Le mot *aumône* est du genre féminin, parce…
Le mot *bords* est du genre masculin, parce…
Le mot *leçon* est au nombre singulier, parce…
Le mot *élèves* est au nombre pluriel, parce…

72

Le mot *bords* se termine ici par un **s**, parce…
Le mot *fertiles* se termine ici par un **s**, parce…
Le mot *élèves* se termine ici par un **s**, parce…
Le mot *indociles* se termine ici par un **s**, parce…
Que prend le nom au pluriel? — R. Le nom…
Que prend l'adjectif qualificatif au pluriel? — R…

FORMATION RÉGULIÈRE DU FÉMININ DANS LES ADJECTIFS QUALIFICATIFS.

Écrire au tableau noir : *Un ruban bleu, une étoffe bleue,* et faire observer la différence orthographique qui existe entre les adjectifs qualificatifs *bleu* et *bleue.*

Dans le second membre de phrase, l'adjectif qualificatif *bleue* se rapporte à un nom féminin, et il est terminé par un **e**, lettre qui n'existe pas au mot *bleu* dans le premier membre de phrase.

Tirer de là cette conclusion, que l'adjectif qualificatif prend un **e**, quand il se rapporte à un nom féminin.

73

Remplacer les points par l'adjectif qualificatif précédent.

Un bureau noir, une table… — Un arbre vert, une feuille… — Un grand jardin, une … maison. — Le petit garçon, la … fille. — Un vent froid, une pluie… — Du drap bleu, de l'étoffe… — Un joli tableau, une … peinture. — Un champ fécond, une terre…

—

RÈGLE : L'adjectif qualificatif prend un **e** au féminin.
Ex. : *un bureau noir, une table noire.*

74

Remplacer les points par l'adjectif qualificatif précédent.

Le peuple voisin, la nation... — Un chemin étroit, une route... — Un salon élégant, une salle... — Un petit défaut, une ... faute. — Un excellent ouvrier, une ... ménagère. — Du coton fin, de la soie... — Un fruit cru, une pomme... — Un pré verdoyant, une prairie...

75

Un bâton droit, une canne... — Un raisin mûr, une pomme... — Le vrai courage, la ... valeur. — Un mot offensant, une parole... — Un homme obligeant, une personne... — Un imprudent ami, une ... action. — Le pied droit, la jambe... — Le rocher escarpé, la roche...

ADJECTIFS QUALIFICATIFS DÉJA TERMINÉS PAR UN e AU MASCULIN.

76

Mon jeune frère, ma ... sœur. — Un pauvre garçon, une ... fille. — L'enfant docile, la personne... — Un canard sauvage, une oie... — Un logement agréable, une habitation... — Le brave homme, la ... famille. — Un bruit terrrible, une secousse... — Un fermier économe, une fermière...

—

RÈGLE : Quand un adjectif qualificatif finit au masculin par un e, on n'y ajoute rien au féminin. Ex. : Mon *jeune* frère, ma *jeune* sœur.

77

Copier les phrases suivantes :

Un enfant sage écoute toujours ses parents et ses maîtres. — Ma jeune sœur tourmentait cette jeune fille. — La brebis docile nous procure la laine. — Une mauvaise conduite a ruiné cette famille. — Cet hypocrite cache ses vilaines pensées sous de belles paroles. — Les vices sont nos plus grands ennemis.

DÉFINITION DU VERBE.

Écrire au tableau noir : *Henri étudie. — Mon frère laboure.*

D. Que fait Henri ? R. . . . . .

D. Que fait mon frère ? R. . . . . .

D. Quel mot marque, dans la première phrase, ce que fait mon frère ? R. . . . . .

Le Maitre : « Les mots qui marquent ce que font les personnes s'appelent **verbes.** »

D. Que marquent les verbes ? R. . . . . . .

D. Y a-t-il un verbe dans la première phrase ? R. . . . . . .

D. Pourquoi le mot *étudie* est-il un verbe ? R. Le mot *étudie* est un verbe, parce qu'il marque ce que fait *Henri*.

D. Définissez le verbe ? R. Le verbe est un mot qui marque ce que font les personnes.

78

1er DEVOIR : Copier les phrases. — 2e DEVOIR : Classer les noms et les verbes en deux colonnes.

Henri étudie. — Mon frère laboure. — Pierre chante. — Le menuisier rabote. — Mon oncle travaille. — Le serrurier forge. — Paul écrit. — Le jardinier arrose. — Ta sœur coud. — Le maçon bâtit. — Le tisserand tisse. — Le maître commande. — Le barbier rase. — Le laboureur sème. — Le marchand vend. — Le curé prêche. — Firmin dort.

—

DÉFINITION : Le verbe est un mot qui marque ce que font les personnes. Ex. : *Henri étudie* ; le mot *étudie* est un verbe.

Expliquer que le verbe peut aussi marquer ce que font les animaux.

79

1er DEVOIR : Copier les phrases. — 2e DEVOIR : Classer les noms et les verbes en deux colonnes.

Le chien aboie. — Ce cheval galope. — La vache beugle. — Le corbeau croasse. — La grenouille coasse. — Le taureau mugit. — Le petit chien jappe. — Ce chat miaule. — Cette chèvre broute. — La poule pond. — Le coq chante. — Le loup hurle. — Cet âne boite. — Ce pigeon mange. — Notre canari se baigne. — L'hirondelle gazouille.

DÉFINITION : Le verbe marque aussi ce que font les animaux. Ex. : *Le chien aboie* ; le mot *aboie* est un verbe.

Expliquer que le verbe peut également marquer ce que font les choses.

Faire toujours définir les mots, et revenir sans cesse sur ce qui a fait l'objet des leçons précédentes. Ex. : *Votre lampe fume.*

D. Y a-t-il un nom dans cette phrase ? R. . . . .

D. Quel mot est nom ? R. . . . .

D. Pourquoi le mot lampe est-il un nom ? R. . . . .

D. Qu'est-ce qu'une lampe ? R. . . . .

D. Genre et nombre du nom lampe ? R. . . . .

D. Pourquoi ce nom est-il du genre masculin, et pourquoi est-il au nombre singulier ? R. . . . .

D. Quelle est la nature du mot *fume* ? R. Le mot *fume* est un verbe.

D. Pourquoi le mot *fume* est-il un verbe ? R. Le mot *fume* est un verbe, parce qu'il marque ce que fait la lampe.

80

1er DEVOIR : Copier les phrases. — 2e DEVOIR : Classer les noms et les verbes en deux colonnes.

Votre lampe fume. — La marmite bout. — Le vent souffle. — Le ruisseau coule. — Le soleil échauffe. — La roue tourne. — Le tonnerre gronde. — La flamme pétille. — L'essieu crie. — La lune brille. — Cette feuille jaunit. — Ce canal déborde. — Mon travail avance. — Ce linge déchire. — Cette cloche sonne.

—

DÉFINITION : Le verbe marque également ce que font les choses. Ex. : *Votre lampe fume* ; le mot *fume* est un verbe.

81

1er DEVOIR : Copier les phrases. — 2e DEVOIR : Classer les noms et les verbes en deux colonnes.

Le cheval traîne le carrosse. — Le chien garde la maison. — La vache donne du lait. — Le maître instruit ses élèves. — Ce froid m'engourdit. — Le jardinier greffe les arbres. — Le fermier bat le blé. — Cette craie tombe. — Le boulanger pétrit la pâte.

— Les oies donnent des plumes. — Les gerbes remplissent la grange.

—

DÉFINITION GÉNÉRALE : Le verbe est un mot qui marque ce que font les personnes, les animaux ou les choses. Les mots *chanter, prier, courir, aboyer, couler* sont des verbes.

82

Dire pourquoi les mots suivants, contenus dans l'exercice 81, sont des verbes : *traîne, donne, tombe, garde, engourdit, instruit, bat, remplissent.*

Le mot *traîne* est un verbe, parce qu'il marque ce que fait le cheval.

___

EXERCICES RÉCAPITULATIFS.

83

Copier les phrases suivantes :

La poule est dans l'écurie. — Mon habit est dans l'armoire. — Le pain se fait chez le boulanger. — Le poisson vit dans l'eau. — L'herbe croît dans la prairie. — Le tisserand tisse la toile. — Alphonse fabriquera une charrue. — Le cheval mange de l'avoine. — Le coutelier repasse le couteau. — Nous devons aimer notre prochain.

84

Pourquoi les mots *boulanger, poule, herbe, Alphonse, écurie, avoine, tisserand, cheval, poisson,* sont-ils des noms ?

Le mot *boulanger* est un nom, parce qu'il sert à nommer une personne.

Le mot *poule*...

85

Copier les phrases suivantes :

La carotte est une plante potagère. — Dans la corbeille on met de la viande, du pain, du riz, du sucre, des fruits, des œufs. — La pomme de l'arrosoir est percée de petits trous. — Ma sœur reviendra dans trois semaines. — La charrue se compose de la flèche, du régulateur, des mancherons, du cep, du coutre, du soc et du versoir.

86

Classer en deux colonnes les noms masculins et les noms féminins contenus dans l'article précédent.

87

Dire pourquoi les noms suivants sont du genre masculin ou du genre féminin : *carotte, riz, pomme, sœur, régulateur. viande, homme, fruits.*

Le nom *carotte* est du genre féminin, parce qu'on dit **la** ou **une.**

Le nom *riz*...

88

1er DEVOIR : Copier les phrases. — 2e DEVOIR : Mettre en deux colonnes les noms au singulier et les noms au pluriel.

Les cloches sont faites de bronze. Le bronze est un métal composé de cuivre, de zinc et d'étain. Dans l'intérieur de la cloche se trouve un battant qui frappe alternativement contre les parois. On sonne les cloches pour appeler les fidèles à l'église. Les personnes qui viennent à l'église s'assoient sur des bancs ou sur des chaises.

89

Dire pourquoi les noms suivants sont au singulier ou au pluriel : *cloches, bronze, métal, parois, fidèles, église, zinc, chaises,*

Le nom *cloches* est ici au pluriel, parce qu'on parle de plusieurs cloches.

Le mot *bronze*..

90

Copier les phrases suivantes :

Le chien de chasse est grand et fort ; il accompagne

son maître à la chasse ; il fait lever le gibier, c'est-à-dire les lièvres, les chevreuils, les sangliers, les perdrix, les cailles, les canards sauvages, les bécasses. Ces divers animaux vivent dans la forêt, dans la montagne ou dans la plaine.

91

Analyser tous les noms contenus dans la dictée précédente :

chien, nom masculin singulier.

chasse, nom féminin singulier.

maître, ...

PREMIÈRE CONJUGAISON. — PRÉSENT.

92

Expliquer ce qu'on appelle *radical* et *terminaison,* 1re, 2e et 3e personne du singulier et du pluriel.

PRÉSENT *.

SINGULIER	1. Je	chant e	Je.......... e
	2. Tu	chant es	Tu.......... es
	3. Il (elle)	chant e	Il (elle)...... e
PLURIEL	1. Nous	chant ons	Nous........ ons
	2. Vous	chant ez	Vous........ ez
	3. Ils (elles)	chant ent	Ils (elles).... ent

RÈGLE : Les terminaisons du *présent* sont : **e, es, e, ons, ez, ent.**

93

Conjuguer au présent les verbes suivants :

labourer ; tailler ; parler ; souper ; frotter.

RÈGLE : Quand un verbe finit par **er,** on dit qu'il est de la 1re conjugaison. Les verbes *chanter, labourer, tailler, parler, souper, frotter* sont de la 1re conjugaison.

94

Conjuguer au présent les verbes suivants :

dessiner, prêcher, raccommoder, prier, moissonner.

*. Faire conjuguer de vive voix avant de faire écrire.

95

Verbes commençant par une voyelle.

PRÉSENT DU VERBE **aimer**.

SINGULIER	1.	J'	aim e	J'............	e	
	2.	Tu	aim es	Tu..........	es	
	3.	Il (elle)	aim e	Il (elle).......	e	
PLURIEL	1.	Nous	aim ons	Nous........	ons	
	2.	Vous	aim ez	Vous........	ez	
	3.	Ils (elles)	aim ent	Ils (elles)....	ent	

RÈGLE : Quand un verbe commence par une voyelle, on supprime la lettre **e** dans le mot **je**, et on la remplace par une apostrophe. **J'**aime est mis pour **je** aime.

DEVOIR : Conjuger au présent les verbes suivants : arriver, arracher, enjamber, opposer, imaginer.

EXERCICES RÉCAPITULATIFS.

96

1er DEVOIR : Copier la dictée. — 2º DEVOIR : Classer en deux colonnes les noms et les adjectifs qualificatifs.

La carotte est une excellente plante potagère ; on en fait des légumes et d'autres plats. Les animaux domestiques aiment à manger la carotte, parce qu'elle est douce et succulente. Les carottes sont blanches, jaunes ou rouges ; elles doivent être plantées dans une terre meuble, bien fumée. La carotte a des racines pivotantes.

97

Pourquoi les mots suivants, contenus dans la dictée précédente, sont-ils des adjectifs qualificatifs : *excellente, potagère, douce, jaunes, meuble, domestique ?*

Le mot *excellente* est un adjectif qualificatif, parce qu'il marque comment est cette plante.

Le mot *potagère*...

98

Pourquoi les noms et les adjectifs qualificatifs suivants, contenus dans la dictée 96, sont-ils terminés par un *s* : *légumes, jaunes, domestiques, carottes, rouges, plats ?*

Le nom *légumes* est terminé par un *s*, parce que le nom prend un *s* au pluriel.

L'adjectif qualificatif *jaunes*........................

99

Remplacer les points par l'adjectif qualificatif précédent.

Un grand jardin, une ... maison. — Du fil fin, de l'étoffe... — Un raisin mûr, une poire... — Du drap rouge, de l'étoffe... — Le brave homme, la ... famille. — Un arbre vert, une feuille... — Un homme obligeant, une famille... — Un couteau tranchant, une hache...

PREMIÈRE CONJUGAISON. — PRÉSENT.
(Suite.)

100

Mettre au présent :

Je (*chanter*); il (*écouter*); tu (*limer*); ils (*donner*); nous (*respirer*); tu (*parler*); vous (*dessiner*); je (*danser*); ils (*cultiver*); je (*souper*); il (*blâmer*); vous (*troubler*); tu (*marcher*); nous (*manquer*); ils (*déchirer*); vous (*pousser*); je (*parler*); tu (*travailler*); nous (*pleurer*); je (*aimer*); il (*arriver*); vous (*semer*); ils (*arroser*); je (*opposer*).

101

Verbes au présent conjugués avec une circonstance de temps * :

Je	*travaille*	actuellement.
Tu	*travailles*	actuellement.
Il (elle)	*travaille*	actuellement.
Nous	*travaillons*	actuellement.
Vous	*travaillez*	actuellement.
Ils (elles)	*travaillent*	actuellement.

*. Faire conjuguer oralement avant d'écrire.

Conjuger de même :

Étudier en ce moment ; — *labourer* aujourd'hui ; — *dessiner* à présent ; — *arriver* maintenant.

102

Verbes au présent, avec un complément.

Je   *laboure*   la terre.
Tu   *laboures*   la terre.
Il (elle) *laboure*   la terre.
Nous   *labourons* la terre.
Vous   *labourez*   la terre.
Ils (elles) *labourent* la terre.

Conjuguer au présent :

Poser une planche ; — *regretter* un ami ; — *raconter* une histoire ; — *tailler* un poirier.

103

Je   *réveille*   mon frère, ma sœur, mes parents.
Tu   *réveilles*   ton frère, ta sœur, tes parents.
Il (elle) *réveille*   son frère, sa sœur, ses parents.
Nous   *réveillons* notre frère, notre sœur, nos parents.
Vous   *réveillez*   votre frère, votre sœur, vos parents.
Ils (elles) *réveillent* leur frère, leur sœur, leurs parents.

Conjuguer au présent :

Irriter son ami ; — *brosser* sa veste ; — *cirer* ses souliers.

104

Conjuguer au présent :

Faucher son pré ; — *raccommoder* ses bas ; — *façonner* sa vigne ; — *réciter* sa leçon.

EXERCICES RÉCAPITULATIFS.

105

1er DEVOIR : Copier la dictée. — 2e DEVOIR : Mettre en trois colonnes les noms, les adjectifs qualificatifs et les verbes.

On nourrit l'âne avec les herbes dures que les autres animaux refusent. L'âne préfère à tout les chardons. Il se montre difficile seulement pour sa boisson; il ne boit que de l'eau claire et limpide; encore n'enfonce-t-il pas son nez dans l'eau. Dans ses premières années, l'âne est vif et animé; les mauvais traitements lui font perdre sa vivacité.

106

1er DEVOIR : Copier la dictée. — 2e DEVOIR : Mettre en trois colonnes les noms, les adjectifs qualificatifs et les verbes.

L'âne s'attache à son maître; il le sent de loin et le distingue fort bien. Celui qui conduit l'âne s'appelle ânier. Les ânes sont gris ou noirs; on les élève dans pays montagneux. L'âne femelle s'appelle ânesse, et le petit de l'âne porte le nom d'ânon. Quand on irrite l'âne, il rue. Cet animal rend de grands services.

PREMIÈRE CONJUGAISON. — PRÉSENT
(SUITE.)

107

Je	*ferme*	en ce moment la porte.
Tu	*fermes*	en ce moment la porte.
Il (elle)	*ferme*	en ce moment la porte.
Nous	*fermons*	en ce moment la porte.
Vous	*fermez*	en ce moment la porte.
Ils (elles)	*ferment*	en ce moment la porte.

Conjuguer au présent :

Jouer à présent à la toupie; — *traîner* maintenant une brouette; — *amuser* aujourd'hui ses camarades.

Faire remarquer aux élèves qu'à la troisième personne, au lieu de **il, elle; ils, elles,** on peut mettre un nom au singulier ou au pluriel.

Ainsi on peut dire : *il arrose, elle arrose, le jardinier arrose.* — *Ils arrosent, elles arrosent, les jardiniers arrosent.*

Tirer de là cette conclusion que tous les noms sont de la 3me personne du singulier ou du pluriel.

Faire bien remarquer que le verbe prend **nt** à la 3me personne du pluriel.

108

Mettre les phrases suivantes au pluriel. Faire deux colonnes. Ex. : *Le jardinier arrose. — Les jardiniers arrrosent.*

Le jardinier arrose. — Le charretier crie. — Mon frère laboure. — Le serrurier forge. — Le laboureur sème. — Le tisserand tisse. — Le coq chante. — Cette cloche sonne. — Le serpent siffle.

—

RÈGLE : A la 3me personne, au lieu de *il, elle* ; *ils elles,* on peut mettre un nom au singulier ou au pluriel.

Tous les noms sont de la 3me personne du singulier ou du pluriel.

Le verbe prend **nt** à la 3me personne du pluriel.

109

Mettre au pluriel, en deux colonnes. Ex. : *L'enfant joue, les enfants jouent.*

L'enfant joue. — Le maître commande. — Le curé prêche. — L'hirondelle gazouille. — Le bœuf marche. — La roue tourne. — Le loup hurle. — La vache beugle. — Le limaçon se traîne. — L'élève étudie.

110

Mettre au pluriel :

Je ferme les fenêtres, nous fermons les fenêtres.
Le ramoneur monte dans la cheminée, les ram.....
La cuisinière lave la vaisselle, les cuis.............
Tu conserves des fruits, vous cons..................
Le tonnelier cercle les tonneaux, les tonn..........
Il arrive à l'instant, ils............................

111

Mettre au singulier :

Les locataires louent un logement, le loca..........

Les magasins se trouvent au rez-de-chaussée, le mag. -
Nous cultivons la terre, je cult.....................
Les malades gardent le lit, le mal ....
Vous serrez le papier dans le secrétaire, tu ser......
Mes frères labourent la terre, mon frè...............
Ils engraissent un bœuf, il eng......................

Faire remarquer aux élèves que **a** fait **ont** au pluriel, sans parler de la nature de *a* ou de *ont*. Ex. : *Il a des plumes. — Ils ont des plumes.*

112

Mettre au pluriel.

Cet enfant a des plumes, ces enfants ont des plumes.
Il a des crayons, ils................................
Il a le rhume, ils..................................
Ce malade a une fluxion, ces........................
Il a de bons parents, ils...........................
Mon ami a faim, mes.................................
Cet homme a du courage, ces.........................
La porte a des panneaux, les........................

RÈGLE : **a** fait **ont** au pluriel.

Faire remarquer aux élèves que **est** fait **sont** au pluriel, sans parler de la nature de *est* ou de *sont*. Ex. : *Mon frère est malade. — Mes frères sont malades.*

113

Mettre au pluriel.

Mon camarade est malade, mes camarades sont malades.
Cette histoire est obscure, ces.....................
Ce champ est fertile, ces...........................
Cet arbre est desséché, ces.........................
Cette place est spacieuse, ces......................
Cette jeune fille est bègue, ces....................
Cet enfant est lourd, ces...........................
La guerre est terrible, les.........................

114

Mettre au pluriel, en deux colonnes.

Cet homme est riche. — Le lièvre est timide. — Le cochon est malpropre. — L'abeille est diligente. — Le coq est querelleur. — Cette vigne est taillée. — Notre champ est labouré. — Cette montagne est escarpée.

—

RÈGLE : **est** fait **sont** au pluriel.

PREMIÈRE CONJUGAISON. — PASSÉ.

115

PASSÉ.

J'ai	chant é	J'ai................é	
Tu as	chant é	Tu as.............é	
Il (elle) a	chant é	Il (elle) a.........é	
Nous avons	chant é	Nous avons........é	
Vous avez	chant é	Vous avez ....é	
Ils (elles) ont	chant é	Ils (elles) ont......é	

Conjuger au passé :

penser, prêter, continuer, copier, scier.

116

Conjuguer au passé avec une circonstance de temps :

J'ai *chanté* ce matin.
Tu as *chanté* ce matin.
Il (elle) a *chanté* ce matin.
Nous avons *chanté* ce matin.
Vous avez *chanté* ce matin.
Ils (elles) ont *chanté* ce matin.

Conjuguer les verbes suivants au passé :

voyager hier ; — *forger* cette après-midi ; — *étudier* ce matin ; — *transpirer* hier au soir.

117

Conjuguer au passé les verbes suivants :

rincer des verres ; — *admirer* la cathédrale ; — *déchirer* un cahier ; — *écosser* des haricots.

118

Conjuguer au passé :

réciter son catéchisme ; — *déplier* sa serviette ; — *copier* ses leçons ; — *expédier* sa lettre.

PLURIEL DES NOMS TERMINÉS AU SINGULIER PAR **s**, **x** OU **z**.

Appeler l'attention des élèves sur l'orthographe des noms déjà terminés au singulier par un **s**. Ajouter que cette catégorie de noms est restreinte, et mettre les élèves en garde de vouloir supprimer l'**s** au singulier.

119

une brebis, des... ; — le cadenas, les... ; — le bois, les... ; — l'engrais, les... ; — un fils, des... ; — un avis, des... ; — un puits, des... ; — un compas, des... ; — du lilas, des... ; — le mets, les... ; — le procès, les... ; — du succès, des... ; — le secours, les...

—

RÈGLE : Quand un nom est terminé au singulier par un **s**, on n'y ajoute rien au pluriel. Ex. : *une brebis, des brebis.*

120

Mettre au pluriel, (mêmes observations qu'au numéro précédent).

la perdrix, les... ; — la croix, les... ; — un prix, des... ; — la voix, les... ; — une faux, des... ; — une noix, des... ; — un crucifix, des... ; — un lynx, des... ; — le choix, les... ; — un nez, des... ; — du gaz, des... ; — le riz, les ...

—

RÈGLE : Quand un nom est terminé au singulier par **x** ou **z**, on n'y ajoute rien au pluriel. Ex. : *la perdrix, les perdrix ; le nez, les nez.*

121

Mettre au pluriel :

un os, des... ; — le tapis, les... ; — la voix, les... ; — la prairie, les... ; — un repas, des... ; — mon oncle, mes...; — le mur, les...; — le nez, les...; — le matelas, les...; — le temps, les...; — une perdrix, des...; — une noix, des...; — le fils, les...

—

RÈGLE GÉNÉRALE : Lorsqu'un nom est terminé au singulier par **s**, **x** ou **z**, on n'y ajoute rien au pluriel. Ex. : *le bois, les bois ; une croix, des croix ; du gaz, des gaz.*

122

Copier le phrases suivantes :

Les brebis paissent l'herbe dans le pré. — Le charpentier taille le bois avec sa hache. — Les tapis ornent les appartements. — L'ours blanc vit dans les pays du Nord. — Jésus-Christ a été attaché à une croix. — Nous avons bien utilisé notre temps. — Les lynx ont des yeux vifs et perçants. — Le riz est un aliment facile à digérer.

PREMIÈRE CONJUGAISON. — PRÉSENT ET PASSÉ.

123

PRÉSENT.	PASSÉ.
Je............e	J'ai................é
Tu............es	Tu as...........é
Il.............e	Il a..............é
Nous ....ons	Nous avons .....é
Vous ....ez	Vous avez ......é
Ils..........ent	Ils ont..........é

Conjuguer les verbes suivants au présent et au passé :

former, causer, fermer, tailler.

124

Compléter les deux temps suivants :

J'ai pleuré tout à l'heure et *je chante* à présent ;
Tu as pleuré tout à l'heure et *tu chantes* à présent.

Conjuguer de même :

J'ai joué autrefois et *je travaille* maintenant ;
Tu as joué autrefois et *tu travailles* maintenant.

125

Conjuguer de la même manière :

Dessiner ce matin, *calculer* actuellement.
Labourer hier, *herser* en ce moment.

FORMATION DU PLURIEL DES NOMS TERMINÉS AU SINGULIER PAR **au** OU **eu**.

Rappeler aux élèves la règle générale de la formation du pluriel dans les noms, puis ajouter que les noms terminés au singulier par **au** ou **eu** prennent un **x** au pluriel.

Ex. : *un oiseau, des oiseaux ; mon neveu, mes neveux.*

126

Mettre en deux colonnes :

un oiseau, des... ; — le gâteau, les... ; — un corbeau, des... ; — un neveu, des... ; — un feu, des... ; — un couteau, des... ; — un agneau, des... ; — le jeu, les... ; — un pieu, des... ; — un château, des... ; — le troupeau, les... ; — le cheveu, les...

127

Mettre en deux colonnes :

un anneau, des... ; — un arbrisseau, des... ; — l'essieu, les... ; — le milieu, les... ; — ce berceau, ces... ; — un épieu, des... ; — le lieu, les... ; — un cordeau, des... ; — le drapeau, les... ; — un bateau, des... ; — un marteau, des... ; un feu, des...

128

Mettre en deux colonnes :

des tonneaux, un... ; — des copeaux, un... ; les jeux, le... ; — les marteaux, les... ; — des blaireaux,

un...; les neveux, le...; mes tombereaux, mon...;
— des eaux, de l'...; — des aveux, un...; — des ra-
meaux, un...; — les ruisseaux, le...; — les troupeaux, le...; — les tuyaux, le...

—

RÈGLE : Les noms terminés au singulier par **au** ou **eu**,
prennent un **x** au pluriel. Ex. : *un oiseau, des oiseaux ; un
neveu, des neveux.*

ADJECTIFS QUALIFICATIFS TERMINÉS AU SINGULIER PAR s OU x.

Écrire au tableau noir : *un enfant soumis, des enfants soumis ; —
un ouvrier heureux, des ouvriers heureux ;* puis expliquer qu'il y a
des adjectifs qualificatifs, comme des noms, qui sont déjà terminés
au singulier par **s** ou **x,** et que ces adjectifs qualificatifs ne prennent pas un nouvel **s** ou un nouvel **x** au pluriel ; en d'autres ter-
mes, qu'on n'y ajoute rien, lorsqu'ils se rapportent à un nom au
pluriel.

129

Mettre en deux colonnes :

Un enfant *soumis*, des...; — un élève *assis*, des...;
— du vin *gris*, des...; — un voleur *surpris*, des...;
— un indicateur *précis*, des...; — le *mauvais* temps,
les...; — un ouvrier *heureux*, des...; — l'enfant *peu-
reux*, les...; — le soldat *courageux*, les...; un air *dé-
daigneux*, des...

—

RÈGLE : Quand un acjectif qualificatif est terminé au
sigulier par un **s** ou un **x,** on n'y ajoute rien au pluriel.
Ex. : *un enfant soumis, des enfants soumis ; un ouvrier heureux, des ouvriers heureux.*

EXERCICE RÉCAPITULATIF.

130

Mettre en deux colonnes :

Un tonneau vide, des...; — un neveu soumis,
des...; — un chameau chargé, des...; — un couteau

pointu, des... ; — un chemin dangereux, des... ; — un feu pétillant, des... ; — un troupeau altéré, des... ; — un livre précieux, des... ; — un paquet remis, des... ; — un bœuf gras, des... ; — un temps pluvieux, des... ; — un berceau élégant, des...

PREMIÈRE CONJUGAISON. — FUTUR.

131

FUTUR.

Je	chant	erai	Je...........erai
Tu	chant	eras	Tu..........eras
Il	chant	era	Il ....era
Nous	chant	erons	Nous........erons
Vous	chant	erez	Vous........erez
Ils	chant	eront	Ils...........eront

Conjuguer au futur :

broder, aimer, commander, dévider, marchander.

132

Conjuguer au futur :

arroser demain ; — *dessiner* cette après-midi ; — *travailler* toujours ; — *semer* au printemps.

133

Conjuguer au futur :

ramasser des pierres ; — *acquitter* une dette ; — *raconter* une histoire ; — *louer* un logement.

134

Conjuguer au futur :

façonner la vigne ; — *assister* les pauvres ; — *sarcler* avec soin ; — *vendanger* bientôt.

135

Conjuguer au futur :

manquer sa vocation ; — *raccommoder* ses bas ; — *emmancher* son marteau ; — *réciter* sa fable.

PLURIEL DES NOMS TERMINÉS AU SINGULIER PAR **al.**

A partir d'ici, nous n'indiquerons plus la manière d'expliquer le sujet qui fait l'objet de la leçon. La définition ou la règle se trouve à la suite de chaque chapitre. Le maître n'a qu'à y jeter un coup d'œil avant l'exposition de la leçon, afin de rester conforme, dans ses explications, à la définition que nous donnons ou à la règle que nous énonçons.

Ajoutons toutefois qu'il est de la plus haute importance, pour le succès de l'enseignement grammatical, de revenir sur les leçons antérieures, chaque fois que l'occasion s'en présentera, soit à propos d'une dictée à copier, soit même à l'occasion d'une leçon nouvelle. Il importe également, pour rendre l'enseignement attrayant et fécond en résultats, de faire définir, par les élèves, les mots qui se présentent, de leur faire rendre compte du sens général des phrases, et d'appeler leur attention sur l'orthographe de tous les mots.

136

Mettre au pluriel :

un cheval, des... ; — un animal, des... ; — le canal, les... ; — le caporal, les... ; — un maréchal, des... ; — le tribunal, les... ; — du cristal, des... ; — un général, des... ; — l'hôpital, les... ; — un mal, des... ; — un métal, des... ; — un signal, des... ; — un journal, des... ; — le total, les... ; — le rival, les...

137

le procès-verbal, les... ; — le cardinal, les... ; — un amiral, des... ; — un capital, des... ; — le végétal, les... ; — le piédestal, les... ; — un minéral, des... ; — l'arsenal, les... ; — le cheval, les... ; — un confessionnal, des... ; — un bocal, des... ; — un caporal, des... ; — un local, des... ; le principal, les... ; — l'étal, les...

———

RÈGLE : Quand un nom est terminé au singulier par **al,** on remplace au pluriel **al** par **aux.** Ex.: *un cheval, des chevaux.*

PLURIEL DES ADJECTIFS TERMINÉS AU SINGULIER PAR **au** OU **al**.

138

Mettre au pluriel :

un *nouveau* camarade, de... ; — un *beau* château, de... ; — le *beau* taureau, les... ; — le frère *jumeau*, les... ; — un voiturier *brutal*, des... ; — le bien *communal*, les... ; — un chemin *rural*, des... ; — l'homme *original*, les... ; — le conseil *général*, les... ; — un péché *capital*, des...

—

RÈGLES : Quand un adjectif qualificatif est terminé au singulier par **au**, il prend un **x** au pluriel. Ex. : *le beau château, les beaux châteaux*.

Quand un adjectif qualificatif est terminé au singulier par **al**, on remplace au pluriel **al** par **aux**. Ex. : *un facteur rural, des facteurs ruraux*.

139

Copier les phrases suivantes :

Les chemins vicinaux sont moins larges que les routes départementales. — Notre garde-champêtre a dressé cette semaine deux procès-verbaux. — Les canaux ont beaucoup perdu de leur importance, depuis l'établissement des chemins de fer. — Les enfants sont souvent moins vertueux que les pères. — Jules et Henri sont frères jumeaux.

EXERCICES RÉCAPITULATIFS.

140

Mettre au pluriel les noms suivants :

le marché, la difficulté, un arsenal, un hameau, le nez, du papier, un adieu, le gaz, la nuit, une croix, un cheval, le matelas, la voix, un cahier, le caporal, un pieu, un rouleau, le cerisier, le confessionnal, le bras, un manteau.

141

Mettre au pluriel les adjectifs qualificatifs suivants :

grand, brillant, nouveau, négligent, adroit, jumeau, amical, épais, gros, bon, soucieux, brutal, capital, dur, gentil, obéissant, loyal, beau, soumis, national, tricolore, moral, précieux, heureux, assis, royal, vieux, général, grand.

PREMIÈRE CONJUGAISON. — PRÉSENT, PASSÉ ET FUTUR.

142

PRÉSENT.	PASSÉ.	FUTUR.
Je.........e	J'ai ....é	Je........erai
Tu........es	Tu as..........é	Tu........eras
Il.........e	Il a............é	Il.........era
Nous .....ons	Nous avons....é	Nous......erons
Vous......ez	Vous avez .....é	Vous......erez
Ils ....ent	Ils ont.........é	Ils ....eront

Conjuguer les verbes suivants au présent, au passé et au futur :

dépenser, casser, remercier.

143

Conjuguer :

soupirer (passé) il y a un instant, *pleurer* (présent) en ce moment, *sangloter* (futur) tout à l'heure.

Ex. : *J'ai soupiré* il y a un instant, *je pleure* en ce moment, *je sangloterai* tout à l'heure.

144

Conjuguer :

semer (passé) au printemps, *sarcler* (présent) actuellement, *récolter* (futur) en automne.

145

Conjuguer :

étudier (passé) ce matin, *repasser* (présent) sa leçon à présent, la *réciter* (futur) cette après-midi.

146

Copier les phrases suivantes

Vous aimerez votre père et votre mère; vous les respecterez et vous leur obéirez. — Dieu nous ordonne d'aimer notre prochain. — Ne te moque jamais de ceux qui souffrent. — Je n'ai trompé personne. — Vous donnerez aux pauvres selon vos moyens et vous ne les repousserez jamais avec dureté. — Vous avez convoité le bien d'autrui.

147

Analyser les verbes suivants contenus au numéro précédent :

aimerez, — respecterez, — obéirez, — ordonne, — souffrent, — ai trompé, — donnerez, — repousserez, — avez convoité.

Ex. : *aimerez*, verbe aimer, au futur, 2ᵉ personne du pluriel.

respecterez..

FORMATION DU FÉMININ DANS LES ADJECTIFS QUALIFICATIFS TERMINÉS PAR **x**.

148

Mettre les adjectifs au féminin :

un air *gracieux*, une mine... ; — un chien *dangereux*, une bête... ; — un événement *fâcheux*, une rencontre... ; — un voyage *heureux*, une nouvelle... ; — un enfant *jaloux*, une fille... ; — un cheval *boiteux*, une jument... ; — un chemin *sablonneux*, une route... ; — un bijoux *précieux*, une étoffe...

149

Mettre au féminin, en deux colonnes :

un vin *mousseux*, une bière... ; — un homme *soigneux*, une femme... ; — un fruit *délicieux*, une poire... ; — un homme *ambitieux*, une personne... ; — un écolier *studieux*, une écolière... ; — un soin *pieux*, une pensée...; — le loup *furieux*, la louve...; — le repas *joyeux*, la fête...

—

RÈGLE : Quand un adjectif qualificatif est terminé au masculin par un **x**, on remplace au féminin **x** par **se.** Ex. : *un homme soigneux, une femme soigneuse.*

150

Copier les phrases suivantes :

Un chien vigilant est un précieux trésor pour un berger. — Nous avons appris un événement bien fâcheux. — La bière en bouteille est généralement mousseuse. — Les écoliers studieux se préparent un heureux avenir. — L'écureuil se nourrit de graines et de noix. — La lame de la faux est pointue, tranchante et recourbée.

DEUXIÈME CONJUGAISON EN ir. — PRÉSENT.

151

PRÉSENT.

Je fin is	Je ....is	
Tu fin is	Tu............is	
Il fin it	Il.............it	
Nous fin issons	Nous ....issons	
Vous fin issez	Vous ....issez	
Ils fin issons	Ils.............issent	

Conjuguer au présent :

démolir, adoucir, accomplir, blanchir, bâtir, élargir.

152

Conjuguer au présent :

gémir en ce moment ; — *réussir* à présent ; — *obéir* toujours ; — *réfléchir* actuellement.

153

Conjuguer au présent :

blanchir du linge ; — *remplir* ses devoirs ; — *saisir* une occasion ; — *vieillir* peu à peu.

FORMATION DU FÉMININ DANS LES ADJECTIFS TERMINÉS PAR **f.**

154

Mettre au féminin, en deux colonnes :

un chapeau *neuf*, une chemise...; — un chant *vif*, une musique... ; — un âne *rétif*, une jument... ; — un homme *veuf*, une femme...; — un enfant *naïf*, une figure... ; — un fils *adoptif*, une fille... ; — un ouvrier *actif*, une ouvrière... ; — un fruit *hâtif*, une moisson... ; — un apprenti *attentif*, une couturière...

—

RÈGLE : Quand un adjectif qualificatif est terminé au masculin par un **f**, on remplace au féminin **f** par **ve**. Ex. : *un chapeau neuf, une chemise neuve.*

155

Copier les phrases suivantes :

Les personnes oisives sont avides de nouvelles. — Les cœurs jaloux empoisonnent leur propre bonheur. — Les maisons, les granges, les étables et les écuries sont des bâtiments. — L'église et la maison commune sont également des bâtiments. —L'écureuil vif et agile saute de branche en branche. — Nous obéirons aux ordres que vous nous donnerez.

DEUXIÈME CONJUGAISON EN **ir.** — PASSÉ.

156

PASSÉ.

J'ai	fin i		J'ai................i
Tu as	fin i		Tu as................i
Il a	fin i		Il a................i
Nous avons	fin i		Nous avons........i
Vous avez	fin i		Vous avez i
Ils ont	fin i		Ils ont i

Conjuguer au passé :

arrondir, démolir, accomplir, noircir, obéir, applaudir.

157

Conjuguer au passé :

bâtir l'année dernière ; — *réfléchir* hier au soir ; — *punir* ce matin ; — *obéir* toute la journée.

158

Conjuguer au passé :

élargir une porte ; — *remplir* sa malle ; — *finir* son devoir ; — *réjouir* ses amis.

EXERCICES RÉCAPITULATIFS SUR LA FORMATION DU FÉMININ DANS LES ADJECTIFS QUALIFICATIFS.

159

Mettre en deux colonnes :

un père *content,* une mère... ; — un ruisseau *étroit,* une rivière... ; — un ouvrier *laborieux,* une ouvrière... ; — l'enfant *poli,* la domestique... ; — un gilet *neuf,* une cravate... ; — l'arbre *vert,* la feuille...; — un fruit *délicieux,* une pomme... ; — un musicien *habile,* une brodeuse... ; — un caractère *vif,* une conversation...

160

Mettre en deux colonnes :

le *meilleur* remède, la...tisane ; — le garçon *méchant,* la fille... ; — le pas *tardif,* la marche... ; — le cœur *jaloux,* l'âme... ; — du vin *pur,* de l'eau... ; — un fruit *cru,* de la viande... ; — un palais *neuf,* une maison... ; — un champ *fertile,* une terre... ; — un soin *pieux,* une cérémonie...

DEUXIÈME CONJUGAISON. — PRÉSENT ET PASSÉ.

161

PRÉSENT.	PASSÉ.
Je ....is	J'ai...............i
Tu...........is	Tu as...............i
Il ....it	Il a................i
Nous ....issons	Nous avons i
Vous ....issez	Vous avez i
Ils ....issent	Ils ont i

Conjuguer au présent et au passé :

chérir, grandir, guérir, choisir.

162

Mettre au présent les verbes entre parenthèses :

Je (*chérir*) mon père ; — vous (*compatir*) au malheur ; — nous (*démolir*) un mur ; — ces enfants (*agir*) mal ; — tu (*grandir*) depuis quelque temps ; — il (*saisir*) une bonne occasion ; — vous (*garnir*) la cheminée ; — le boulanger (*pétrir*) la pâte ; — ils (*rougir*) de honte ; — je (*noircir*) ma règle ; — l'huile (*adoucir*) les blessures.

163

Mettre au passé les verbes entre parenthèses :

J'ai (*fournir*) du papier ; — tu as (*éclaircir*) cette question ; — Paul a (*réussir*) dans son entreprise ; — nous avons (*garantir*) la solidité de cette construction ; — ils ont (*avertir*) mon frère de leur depart ; — vous avez (*applaudir*) ces artistes ; — le maître (*réunir*) vingt élèves ; — j'ai (*salir*) mon pantalon ; — ils (*fournir*) de de la farine ; — ils (*languir*) pendant plusieurs semaines.

164

Conjuguer :

J'ai fini mon devoir hier au soir, et maintenant *je choisis* mes livres ;

Tu as fini ton devoir...................................

165

Compléter :

J'ai langui le mois dernier et à présent *je guéris ;*
Tu as langui ....

166

Compléter :

J'ai démoli ma maison, maintenant *j'agrandis* ma porte d'entrée ;
Tu as démoli ....

RÈGLE GÉNÉRALE D'ACCORD
DE L'ADJECTIF QUALIFICATIF AVEC LE NOM.

167

Remplacer les points par l'adjectif qualificatif précédent.

Le *petit* doigt, une...main, les...doigts, les... mains.

L'écolier *studieux*, les écoliers..., l'écolière..., les écolières...

Un ouvrier *habile*, des ouvriers..., une couturière..., des couturières...

Un livre *instructif*, des livres..., une lecture..., des lectures...

Le fruit *mûr*, les fruits..., la pomme..., les pommes...

168

Remplacer les points par l'adjectif qualificatif précédent.

L'habit *neuf*, les habits..., la veste..., les vestes...

Un homme *heureux*, des hommes..., une personne..., des personnes...

L'enfant *poli*, les enfants..., la petite fille..., les petites filles...

Le *vilain* crapaud, les...crapauds, la...araignée, les...araignées.

Un voyage *ruineux*, des voyages..., une dépense..., des dépenses...

RÈGLE : L'adjectif qualificatif s'accorde en genre et en nombre avec le nom auquel il se rapporte. Ex. : un livre *instructif*, des livres *instructifs*, une histoire *instructive*, des histoires *instructives*.

169

Copier les phrases suivantes :

Le riche doit secourir le pauvre. — Ces gens sont bien malheureux : ils ont été ruinés par la guerre. — L'égoïste rapporte tout à sa personne. — Soyez juste, vous serez bientôt modeste. — L'Allemagne est aussi peuplée que la France. — Les gros rats sont plus méchants et presque aussi forts que les jeunes chats. — Le blaireau a les dents très-fortes.

DEUXIÈME CONJUGAISON. — FUTUR.

170

FUTUR.

Je fin irai	Je ....ira
Tu fin iras	Tu ....iras
Il fin ira	Il.. ....ira
Vous fin irons	Nous ....irons
Nous fin irez	Vous ....irez
Ils fin iront	Ils ....iront

Conjuguer au futur :

agrandir, grandir, adoucir, rétablir, rougir.

171

Conjuguer au futur :

réussir dorénavant ; — *choisir* demain ; — *punir* ce soir ; — *réfléchir* désormais.

172

Conjuguer au futur :

pétrir le pain ; — *noircir* un tableau ; — *nourrir* son cheval ; — *bondir* de joie.

173

Conjuguer au futur :

affranchir ses lettres dorénavant ; — *remplir* son devoir à l'avenir ; — *compatir* au malheur d'autrui.

RÈGLE D'ACCORD DE L'ADJECTIF QUALIFICATIF SE RAPPORTANT A DEUX NOMS DU MASCULIN SINGULIER.

174

Faire accorder les adjectifs entre parenthèses.

Ce rouleau et cet encrier sont (*cylindrique*). — Ce livre et ce cahier sont (*carré*). — L'air et le verre sont (*transparent*). — Le crayon et le porte-plume sont (*rond*). — Le lion et le tigre sont (*féroce*). — Mon pantalon et mon gilet sont (*propre*). — Le mouton et l'agneau sont (*doux*).

175

Faire accorder les adjectifs entre parenthèses.

Ce livre et ce cahier sont (*épais*). — Ce rideau et ce mouchoir sont (*mince*). — Ce morceau de craie et ce torchon sont (*léger*). — Ce mur et ce plafond sont (*blanc*). — Ce tableau et cet encrier sont (*noir*). — Mon oncle et mon cousin sont (*heureux*). — L'or et le beurre sont (*jaune*).

—

RÈGLE : Quand un adjectif qualificatif se rapporte à deux noms du masculin singulier, on met cet adjectif au masculin pluriel. Ex. : *Ce livre et ce cahier sont carrés.*

DEUXIÈME CONJUGAISON. — PRÉSENT, PASSÉ ET FUTUR.

176

PRÉSENT.	PASSÉ.	FUTUR.
Je ....is	J'ai.............i	Je.........irai
Tu.........is	Tu as..........i	Tu ....iras
Il ....it	Il a.............i	Il ....ira
Nous .....issons	Nous avons.....i	Nous......irons
Vous.......issez	Vous avez......i	Vous ......irez
Ils ....issent	Ils ont i	Ils ....iront

4.

Conjuguer au présent, au passé et au futur :

blanchir, bâtir, démolir.

177

Compléter :

J'ai élargi le chemin le mois dernier, *je bâtis* un mur en ce moment, l'année prochaine *je démolirai* la maison ;

Tu as élargi le chemin................................

RÈGLE D'ACCORD DE L'ADJECTIF QUALIFICATIF SE RAPPORTANT A DEUX NOMS DU FÉMININ SINGULIER.

178

Faire accorder les adjectifs.

Cette maison et cette ferme sont (*grand*). — Cette robe et cette cravate son (*neuf*). — Ma mère et ma sœur sont (*tendre*). — Cette bière et cette liqueur sont (*mousseux*). — Cette tourterelle et cette colombe sont (*gris*). — Cette porte et cette fenêtre sont (*large*). — Cette fille et cette ouvrière sont (*laborieux*). — Cette couverture et cette étoffe sont (*neuf*).

179

Cette caisse et cette malle sont (*pesant*). — Cette rivière et cette mare sont (*profond*). — Cette chaussure et cette semelle sont (*usé*). — La fourmi et l'abeille sont (*laborieux*). — Votre explication et votre raison sont (*meilleur*). — Cette prairie et cette terre sont (*fertile*). — Cette ménagère et cette servante sont (*soigneux*). — Cette chemise et cette casquette sont (*neuf*).

RÈGLE : Quand un adjectif qualificatif se rapporte à deux noms du genre féminin et au nombre singulier, on met cet adjectif au féminin pluriel. Ex. : *Ma mère et ma sœur sont contentes.*

RÉCAPITULATION SUR LES VERBES DE LA PREMIÈRE ET DE LA DEUXIÈME CONJUGAISON.

180

PRÉSENT, PASSÉ ET FUTUR.

		1re Conjug.	2e Conjug.
PRÉSENT.	Je	e	is
	Tu	es	is
	Il	e	it
	Nous	ons	issons
	Vous	ez	issez
	Ils	ent	issent
PASSÉ...	J'ai	é	i
	Tu as	é	i
	Il a	é	i
	Nous avons	é	i
	Vous avez	é	i
	Ils ont	é	i
FUTUR..	Je	erai	irai
	Tu	eras	iras
	Il	era	ira
	Nous	erons	irons
	Vous	erez	irez
	Ils	eront	iront

181

Mettre au présent :

Je (*travaille*) ; nous (*donner*) ; tu (*respirer*) ; il (*accomplir*) ; ils (*récolter*) ; elles (*broder*) ; je (*chérir*) ; vous (*attirer*) ; elle (*adoucir*) ; nous (*parler*) ; nous (*gronder*) ; tu (*dessiner*) ; tu (*arrondir*) ; nous (*embellir*) ; ces maçons (*démolir*) ; nous (*commander*) ; ils (*réfléchir*) ; vous (*vieillir*) ; je (*danser*) ; ce cheval (*tirer*) ; je (*pâlir*) ; tu (*rôtir*) ; nous (*regarder*) ; tu (*obéir*).

182

Mettre au passé :

Nous avons (*fléchir*) ; il a (*manger*) ; j'ai (*ramer*) ; j'ai (*réussir*) ; nous avons (*tailler*) ; nous avons (*pousser*) ; tu as (*grandir*) ; elle a (*réciter*) ; elle a (*travailler*) ; nous avons (*blanchir*) ; vous avez (*noircir*) ; nous avons (*écouter*) ; le jardinier a (*bêcher*) ; les jardiniers ont (*bêcher*) ; elles ont (*polir*) ; il a (*pousser*) ; ils ont (*trahir*) ; la roue a (*tourner*).

183

Mettre au futur :

Tu (*travailler*) ; je (*accomplir*) ; il (*chérir*) ; mon frère (*indiquer*) ; ils (*pleurer*) ; elles (*dessiner*) ; nous (*accomplir*) ; vous (*démolir*) ; tu (*pousser*) ; elle (*broder*) ; vous (*attirer*) ; je (*donner*) ; cet enfant (*grandir*) ; ces enfants (*grandir*) ; tu (*obéir*) ; il (*vieillir*) ; nous (*commander*) ; vous (*raccommoder*) ; ce bœuf (*tirer*) ; je (*écouter*).

184

J'ai plumé ce poulet, *je* le *rôtis* maintenant, *je* le *mangerai* ce soir ;

Tu as plumé ce poulet, *tu* le *rôtis*......................

185

Mettre aux trois personnes du singulier et du pluriel :

J'ai cherché de la farine ce matin, *je pétris* en ce moment la pâte, *j'enfournerai* le pain ce soir............

RÈGLE D'ACCORD DE L'ADJECTIF QUALIFICATIF SE RAPPORTANT A DEUX NOMS DE GENRE DIFFÉRENT.

186

Faire accorder les adjectifs qualificatifs ;

Mon père et ma mère sont (*content*). — J'ai une robe et un tablier (*bleu*). — Cette assiette et ce plat sont (*creux*). — Cet abricot et cette pêche sont (*mûr*). — Cet homme et cette femme sont (*veuf*). — Cette jument et ce cheval sont (*boiteux*). — Cette rivière et ce ruisseau sont (*large*). — Mon frère et ma sœur sont (*grand*).

—

RÈGLE : Quand un adjectif qualificatif se rapporte à deux noms dont l'un est masculin et l'autre féminin, cet adjectif se met au pluriel masculin. Ex. : *Mon père et ma mère sont contents.*

NOMS COMMUNS ET NOMS PROPRES.

187

Faire une liste des noms communs et une liste des noms propres.

Dieu, la terre, la France, un pays, Jules, la Seine, Abraham, mon père, la Bretagne, les Alpes, du beurre, une vache, une grenouille, la Russie, l'arbre, le lion, Pierre, les Pyrénées, l'Égypte, un chemin, un homme, une nation, du fer, mon cousin, un prêtre, Henri, Louise.

—

DÉFINITION : Le mot **commun** signifie qui appartient à *tous*. Le nom *commun* est donc celui qui appartient à toutes les personnes, à tous les animaux, à toutes les choses. Ex. : *père, chien, fleuve.*

Le mot **propre** signifie *qui est particulier, qui n'appartient pas à tous.* Le nom *propre* est donc le nom particulier d'une personne, d'un animal, d'une chose. Ex. : *Pierre, Cerbère* (nom de chien), la *France.*

La première lettre d'un nom propre doit toujours être une **majuscule** ou grande lettre.

188

1er DEVOIR : Copier les phrases. — 2e DEVOIR : Classer en deux colonnes les noms communs et les noms propres.

La France est notre patrie. — Dieu est juste et tout-puissant. — Jésus-Christ est mort pour nous sur la croix. — La Seine passe à Paris. — Dieu donna à Moïse les tables de la loi sur le mont Sinaï. — Benjamin était le dernier des enfants de Jacob. — Sur certains sommets des Alpes il y a des neiges perpétuelles. — Madrid est la capitale de l'Espagne.

TROISIÈME CONJUGAISON EN **oir** *. — PRÉSENT.

189

PRÉSENT.

Je	reç ois	Je	....	ois
Tu	reç ois	Tu	....	ois
Il	reç oit	Il	....	oit
Nous	rec evons	Nous	....	evons
Vous	rec evez	Vous	....	evez
Ils	reç oivent	Ils	....	oivent

Conjuguer au présent :

apercevoir, concevoir, devoir, percevoir, redevoir.

190

Conjuguer au présent :

apercevoir un clocher dans le lointain ; — *recevoir* de l'argent de son père ; — *devoir* de la reconnaissance à ses parents.

L'ARTICLE.

191

Remplacer les points par **le, la, les** ou **l'**.

...pépin de...pomme.	...maladie de...enfant.
...sapin de...forêt.	...renards et...chiens.
...pointe de...épée.	...chameaux et...chevaux.
...fente de...porte.	...devanture de...horloger.
...poitrine de...enfant.	...table de bois.
...brouillard de...nuit.	...frère de...voisine.
...bancs de gazon.	...œufs de...poule.

DÉFINITION : Les petits mots **le, la, les, l'** qu'on place devant les noms communs s'appellent **articles**.

le se met devant les noms masculins singuliers : *le père* ;
la se met devant les noms féminins singuliers : *la mère* ;
les se met devant les noms pluriels, soit masculins, soit féminins : *les pères, les mères, les livres.*

*. Prendre *evoir* pour terminaison de l'infinitif.

REMARQUES : 1º L'article précède aussi quelquefois les noms propres. Ex. : *la France, les Alpes* ;

2º Devant un nom qui commence par *une voyelle* ou une **h** *muette*, on retranche **e** de l'article **le** ou bien **a** de l'article **la**, et on les remplace par une apostrophe. Ainsi l'on dit **l'**argent pour **le** argent, **l'**épée pour **la** épée, **l'**homme pour **le** homme, **l'**histoire pour **la** histoire.

Cette suppression d'une lettre que l'on remplace par une apostrophe s'appelle *élision*. On dit alors que l'article est *élidé*.

192

Remplacer les points par **du** = **de le**, ou **au** = **à le**.

Les fleurs...jardin. — L'écorce...houx. — J'obéis ...maître. — Je vais...village. — La rive...fleuve. — L'heure...jour. — Je donne de l'argent...pauvre. — La peau...hamster. — La maladie...père. — Je demeure...premier étage. — Tu demeures...rez-de-chaussée. — La corne...bœuf. — Je vais...marché. — La crête...coq. — L'aboiement...chien.

———

REMARQUE : Devant un nom masculin singulier qui commence par une consonne ou une **h** aspirée, on dit **du** pour **de le**, **au** pour **à le**. Ex. : **du** *père* pour **de le** *père*, **au** *héros* pour **à le** *héros*.

Cette réunion en un seul mot de l'article **le** avec **de**, ou de l'article **le** avec **à**, s'appelle *contraction*. On dit que les mots **du** et **au** sont des articles *contractés*.

193

Remplacer les points par **des** = **de les**, ou **aux** = **à les**.

La nourriture...pauvres. — La nation...Gaulois. — Le sommet...montagnes. — La course...chars. — Je vais...champs. — Je donne de l'herbe...vaches et ...moutons. — La toison...brebis. — Les fleurs... jardins. — Tu joues...billes. — Je donne à manger... oiseaux. — Le sable...déserts. — Le son...harpes. — Les racines...carottes. — Je songe...vendanges.

———

REMARQUE : Devant tout nom au pluriel, on change

de les en **des** et **à les** en **aux.** Ex.: des *livres* pour **de les** *livres* ; **aux** *bâtiments* pour **à les** *bâtiments.*

Ce changement dé **de les** en **des** et **à les** en **aux** porte également le nom de *contraction.* Les articles **des** et **aux** sont appelés articles *contractés.*

194

Copier la dictée suivante :

La brebis, qui semble avoir reçu la stupidité et la faiblesse en partage, ne peut pas même trouver son salut dans la fuite. Le loup, qui est très-friand de la chair de cet animal, lui fait une guerre sans interruption. Les troupeaux sont préservés des attaques du loup par la vigilance des bergers qui les gardent, et par celle des chiens qui les défendent.

TROISIÈME CONJUGAISON. — PASSÉ.

195

PASSÉ.

J'ai	reç u	J'ai ....u	
Tu as	reç u	Tu as...........u	
Il a	reç u	Il a..............u	
Nous avons	reç u	Nous avons......u	
Vous avez	reç u	Vous avez........u	
Ils ont	reç u	Ils ont...........u	

Conjuguer au passé :

apercevoir, concevoir, décevoir, devoir, redevoir.

196

Conjuguer au passé :

revoir son travail hier au soir ; — *recevoir* des reproches la semaine dernière ; — *apercevoir* une tache dans son cahier ; — *concevoir* un soupçon depuis ce matin.

ADJECTIFS NUMÉRAUX.

197

Copier les phrases suivantes et souligner les adjectifs numéraux :

Henri a trois frères. — J'ai acheté cinq plumes. —

Notre voisin a vendu deux grands jardins. — Ce fermier a dans son écurie dix vaches laitières. — Cette marchande a trouvé dans son panier dix-huit œufs cassés. — Cette école compte cinquante élèves. — Ce boucher a acheté quatre veaux gras. — Le contingent fourni par ce département a été de mille hommes.

—

DÉFINITION : L'adjectif numéral marque un nombre connu de personnes, d'animaux ou de choses. Ex. : Henri a *trois* frères. J'ai acheté *quatre* poulets. Nous avons vendu *dix-huit* œufs.

198

Dire pourquoi les mots *trois, cinq, deux, dix, dix-huit, cinquante, quatre, mille,* sont des adjectifs numéraux.. (Ex. 197.)

Le mot **trois** est un adjectif numéral, parce qu'il marque un nombre connu de personnes.

Le mot **cinq** est...

199

Copier les adjectifs numéraux suivants :

1 = un ; 2 = deux ; 3 = trois ; 4 = quatre ; 5 = cinq ; 6 = six ; 7 = sept ; 8 = huit ; 9 = neuf ; 10 = dix ; 11 = onze ; 12 = douze ; 13 = treize ; 14 = quatorze ; 15 = quinze ; 16 = seize ; 17 = dix-sept ; 18 = dix-huit ; 19 = dix-neuf ; 20 = vingt ; 30 = trente ; 40 = quarante ; 50 = cinquante ; 60 = soixante ; 70 = soixante-dix ; 80 = quatre-vingts ; 90 = quatre - vingt - dix ; 100 = cent ; 1000 = mille.

200

Mettre au pluriel :

une plume neuve, douze...; — un grand jardin, deux...; — un crayon taillé, cinq...; — un écolier attentif, quinze...; — un mouton tondu, vingt...; — un jeune conscrit, cinquante-deux...; — un ancien soldat, mille...; — un taureau engraissé, dix...; — un cheval vigoureux, trois...

201

Copier la dictée suivante : BREBIS (suite).

La brebis est l'animal qui procure à l'homme les

choses les plus utiles. Elle lui fournit une riche toison qui sert à le vêtir. Le lait de la brebis, la graisse, la peau et les os de cet animal servent tous au profit de l'homme. Le petit de la brebis s'appelle agneau. La tonte de la laine des brebis se fait au printemps et au mois d'août.

TROISIÈME CONJUGAISON. — FUTUR.

202

FUTUR.

Je	rec evrai	Je..........evrai
Tu	rec evras	Tu.........evras
Il	rec evra	Il ....evra
Nous	rec evrons	Nous........evrons
Vous	rec evrez	Vous........evrez
Ils	rec evront	Ils ....evront

Conjuguer au futur :

apercevoir, concevoir, percevoir, devoir, redevoir.

203

Conjuguer au futur :

recevoir une récompense ce soir : — *apercevoir* son erreur, quand il sera trop tard ; — *concevoir* un meilleur projet pour l'avenir.

ADJECTIFS INDÉFINIS.

204

Copier les phrases suivantes et souligner les adjectifs indéfinis qui s'y trouvent.

Plusieurs élèves manquent aujourd'hui à l'école. — Maints accidents sont arrivés sur la route. — Tu as fait quelques fautes dans ta dictée. — Ce chasseur a rapporté plusieurs perdrix. — Certains écoliers n'apprennent pas suffisamment leurs leçons. — Tous mes camarades se sont éloignés. — Quelques personnes de ma connaissance ont assisté à ce triste spectacle.

—

DÉFINITION : L'adjectif indéfini marque un nombre inconnu de personnes, d'animaux ou de choses. Ex. : *Plusieurs élèves manquent. J'ai rapporté quelques cailles. Maints accidents sont arrivés à cet endroit.*

Les mots **plusieurs, quelques, maints** sont des *adjectifs indéfinis.*

Liste des adjectifs indéfinis.

MASCULIN.		FÉMININ.	
Singulier.	*Pluriel.*	*Singulier.*	*Pluriel.*
certain	certains	certaine	certaines
maint	maints	mainte	maintes
nul	nuls	nulle	nulles
tout	tous	toute	toutes
tel	tels	telle	telles
aucun	aucuns	aucune	aucunes
quelque	quelques	quelque	quelques
quelconque	quelconques	quelconque	quelconques
autre	autres	autre	autres
même	mêmes	même	mêmes
chaque	....	chaque	....
....	plusieurs	....	plusieurs

RÈGLE : L'adjectif indéfini s'accorde avec le nom auquel il se rapporte.

205

Remplacer les points par l'adjectif indéfini précédent.

un *certain* homme ; une...femme ; ...hommes ; ...femmes.

maint accident ; ...rencontre ; ...accidents ; ...rencontres.

tout le chemin ; ...les oiseaux ; ...la rue ; ...les rues.

tel crayon ; ...crayons ; ...plume ; ...plumes.

quelque côté ; ...encrier ; ...fenêtres ; ...fenêtre.

un *autre* jour ; d'...jours ; une...heure ; d'...heures.

206

Remplacer les points par l'adjectif indéfini précédent.

un cahier *quelconque ;* des cahiers... ; une page... ; des pages...

le *même* sentiment ; les...sentiments ; la...couverture ; les...couvertures.

chaque pays ; ...saison ; ...vertu ; ...heure.

plusieurs livres ; ...tables ; *aucun* conscrit ; ...faute.

tout le bois ; ...la forêt ; ...les routes ; ...les cerisiers.

certain fruit ; ...fruits ; ...plantes ; ...plante.

tel soldat ; ...baïonnette ; ...soldats ; ...baïonnettes.

TROISIÈME CONJUGAISON. — PRÉSENT, PASSÉ ET FUTUR.

207

PRÉSENT.	PASSÉ.	FUTUR.
Je........ois	J'ai..........u	Je.......evrai
Tu.......ois	Tu as........u	Tu......evras
Il........oit	Il a..........u	Il.......evra
Nous.....evons	Nous avons....u	Nous.....evrons
Vous.....evez	Vous avez.....u	Vous.....evrez
Ils.......oivent	Ils ont........u	Ils.......evront

Conjuguer au présent, au passé et au futur :

apercevoir, concevoir, recevoir.

208

Conjuguer aux trois personnes du singulier et du pluriel :

J'ai aperçu une faute, *je* la *souligne* et *je recevrai* une récompense.

ADJECTIFS DÉMONSTRATIFS.

209

Copier les phrases suivantes et souligner les adjectifs démonstratifs qui s'y trouvent :

Le soleil qui nous éclaire, et ces étoiles brillantes,

c'est Dieu qui les a suspendus dans l'espace. — Que ces paroles sont douces : « Notre père qui êtes aux cieux » ! — Cette famille ne se ruinera pas, car elle est laborieuse et économe. — Cette petite fille cherche en tout à faire plaisir à sa mère. — Mettez, sur la table, ce couteau, cette fourchette, ces assiettes et ce verre.

DÉFINITION : L'adjectif démonstratif montre la personne, l'animal ou la chose dont on parle. Ex. : **ce** laboureur, **cette** hirondelle, **ces** assiettes.

Les adjectifs démonstratifs sont :
ce, cet, pour le masculin singulier ;
cette, pour le féminin singulier ;
ces, pour le pluriel des deux genres.

210

Mettre **ce** devant les noms masculins singuliers ; **cette** devant les noms féminins singuliers ; **ces** devant les noms au pluriel.

...chapeaux.	...cravate.	...paletot.
...table.	...menuisier.	...fenêtres.
...crayons.	...souliers.	...gants.
...chevaux.	...veste.	...sabot.
...plume.	...robe.	...pendules.
...moineau.	...bottines.	...habits.
...jambes.	...couteaux.	...ardoises.
...bouche.	...tablier.	...armoires.
...épaules.	...ardoise.	...cahier.
...pouce.	...pinson.	...canif.

211

Compléter l'exercice suivant :

Ex. : cet élève = ce élève ; cet homme = ce homme.

cet étang = ...	cet officier = ...	cet épicier = ...
cet escalier = ...	cet aveugle = ...	cet huissier = ...
cet avare = ...	cet agneau = ...	cet historien = ...
cet habitant = ...	cet héritage = ...	cet hameçon = ...
cet habit = ...	cet hiver = ...	cet atelier = ...
cet ouvrier = ...	cet hôpital = ...	cet uniforme = ...

RÈGLE : Devant un nom masculin qui commence par une *voyelle* ou une *h muette*, on remplace **ce** par **cet**. Ex. : *cet* écolier ; *cet* homme.

212

Mettre l'adjectif démonstratif convenable :

…doigt.	…escalier.	…officier.
…boutonnière.	…mouchoir.	…brique.
…banc.	…agneau.	…ficelles.
…agrafe.	…habit.	…chevaux.
…ardoise.	…centime.	…artisan.
…élève.	…plancher.	…fil.
…livre.	…oreiller.	…pincettes.
…horloger.	…oreille.	…horloge.
…fenêtres.	…tablette.	…hannetons.
…canif.	…heure.	…habitude.

213

Copier la dictée suivante : BREBIS (suite).

Le berger fait parquer les moutons pendant les nuits d'été. Pour cela, il fait un clos avec des lattes, qui se déplacent à volonté quand la terre est assez fumée. Les cultivateurs peuvent, avec cent moutons qui parquent dans un champ, améliorer pendant l'été plusieurs hectares de terre. Quand les terres sont situées près d'un bois, le berger et ses chiens redoublent de surveillance, afin de s'opposer à la rapacité des loups.

Les élèves répondront verbalement aux questions suivantes qui se rapportent à la dictée numéro 213 :

1º Définir les mots *berger, parquer, clos, lattes, améliorer, hectare, redoubler, rapacité, à volonté.*

2º — Pourquoi les mots *berger, moutons, nuits, été, clos, lattes,* sont-ils des noms ?

3º — Indiquer le genre et le nombre de chacun de ces noms.

4º — Nature du mot *fumée.* Pourquoi ce mot est-il terminé par un **e** ?

5º — Pourquoi les mots *parquer, déplacent, peuvent, améliorer, redoublent, s'opposer,* sont-ils des verbes ?

6º — Nature des mots *cent* et *plusieurs.* Pourquoi *cent* est-il un adjectif numéral, et *plusieurs* un adjectif indéfini ?

7º — Pourquoi les noms *moutons, lattes, cultivateurs, hectares,* sont-ils terminés par un *s* ?

8º — Quelle remarque y a-t-il à faire sur l'orthographe des mots *clos* et *bois* ?

9ᵉ — Pourquoi *déplacent, parquent, redoublent,* sont-ils terminés par *nt* ? Analyser ces verbes.

RÉCAPITULATION. — 1ʳᵉ, 2ᵉ ET 3ᵉ CONJUGAISON.

214

PRÉSENT.
- 1ʳᵉ *Conj.* — e, es, e, ons, ez, ent.
- 2ᵉ *Conj.* — is, is, it, issons, issez, issent.
- 3ᵉ *Conj.* — ois, ois, oit, evons, evez, oivent.

PASSÉ.
- 1ʳᵉ *Conj.* — é.
- 2ᵉ *Conj.* — i.
- 3ᵉ *Conj.* — u.

FUTUR.
- 1ʳᵉ *Conj.* — erai, eras, era, erons, erez, eront.
- 2ᵉ *Conj.* — irai, iras, ira, irons, irez, iront.
- 3ᵉ *Conj.* — evrai, evras, evra, evrons, evrez, evront.

Conjuguer au présent, au passé et au futur :

accompagner, punir, recevoir, chercher, subir, percevoir.

215

Conjuguer aux trois personnes du singulier et du pluriel :

J'ai reçu de l'argent, *je cherche* des pierres et *je rebâtirai* mon écurie.

Tu as reçu ....

216

Conjuguer aux trois personnes du singulier et du pluriel :

J'ai obéi à mes parents, *j'arrive* à mon but, *je recevrai* ce que j'ai demandé.

Tu as obéi à ....

ADJECTIFS POSSESSIFS.

217

1ᵉʳ DEVOIR : Copier les phrases et souligner les adjectifs possessifs qui s'y trouvent.

Notre bonheur dépend de notre conduite. — Suivons

l'exemple de notre divin maître. — Cet écolier est mal vu de ses camarades, parce qu'il les trompe quelquefois. — Où as-tu mis tes cahiers et tes livres ? — Je noue ma cravate neuve. — Votre zèle sera récompensé. — Avouez sans retard votre faute à vos parents. — Obéissez toujours aux lois de votre pays.

—

DÉFINITION : L'adjectif possessif marque à qui appartient la personne, l'animal ou la chose dont on parle. Ex.: *mon* père, *ton* écureuil, *notre* livre.

Les adjectifs possessifs sont :

MASCULIN SINGULIER.	FÉMININ SINGULIER.	PLURIEL DES 2 GENRES
mon, ton, son, notre, votre, leur.	**ma, ta, sa, notre, votre, leur.**	**mes, tes, ses, nos, vos, leurs.**

218

Mettre l'adjectif possessif convenable :

mon chat ; ...chats ; ...chienne ; ...chiennes.
ta blouse ; ...gilet ; ...blouses ; ...gilets.
notre maison ; ...maisons ; ...jardins ; ...jardin.
son paletot ; ...paletots ; ...soulier ; ...souliers.
votre bougie ; ...lampe ; ...lampes ; ...bougies.
leur écuelle ; ...écuelles ; ...marmite ; ...marmites.

219

Compléter les indications suivantes :

mon âme = *ma* âme ; *ton* habitation = *ta* habitation ;
son huile = ...   *son* obligeance = .*mon* instruction =.
mon habileté = .. *mon* habitude = .. *mon* horloge = ...
son amitié = ...   *ton* histoire = ...*ton* humilité = ...
ton image = ...   *son* ambition = .. *son* imprudence =.

—

RÈGLE : Devant un nom féminin qui commence par une *voyelle* ou une *h muette*, on met **mon** au lieu de **ma, ton** au lieu de **ta, son** au lieu de **sa.** Ex.: *mon* âme, *ton* histoire, *son* épée.

220

Devant les mots suivants, mettre **mon** ou **ma**, **ton** ou **ta**, **son** ou **sa** :

mon ou *ma* ...assiette ; ...oreiller ; ...nappe.
ton ou *ta* ...plaisir ; ...bretelle ; ...image.
son ou *sa* ...arrosoir ; ...excuse ; ...boule.
ton ou *ta* ...serviette ; ...entonnoir ; ...écurie.
son ou *sa* ...écriture ; ...orthographe ; ...copie.
mon ou *ma* ...broderie ; ...aiguille ; ...arbre.

221

Copier la dictée suivante :

Voyez le chat. Il passe à côté de la viande sans la regarder. Il se frotte délicatement contre sa maîtresse. Mais, à peine celle-ci sera-t-elle sortie de la cuisine, qu'il volera la viande. C'est un hypocrite. Les chats ne sont pas seuls hypocrites : il y a aussi des enfants qui le sont. On méprise les hypocrites. Le vice de l'enfant hypocrite s'appelle l'hypocrisie. Dieu déteste l'hypocrisie.

QUATRIÈME CONJUGAISON EN **re**. — PRÉSENT.

222

PRÉSENT.

Je	rend s		Je.......... s	
Tu	rend s		Tu......... s	
Il	rend		Il..........	
Nous rend ons			Nous....... ons	
Vous rend ez			Vous....... ez	
Ils	rend ent		Ils.......... ent	

Conjuguer au présent :

suspendre, répandre, entendre, confondre, vendre, tordre.

223

Conjuguer au présent :

attendre maintenant ; — *répondre* en ce moment ; — *descendre* à la cave ; — *vendre* son cheval actuellement.

PRONOM.

224

Copier les phrases suivantes et souligner les pronoms.

Je ne veux pas vivre dans une honteuse ignorance. — Tu te plais auprès de ta bonne mère. — Il s'est proposé de fuir toute mauvaise société. — Nous devons savoir pardonner à nos ennemis. — Je retiendrai les enfants paresseux ; ils resteront après la classe. — Vous comprenez votre erreur. — La moisson mûrit ; elle sera bientôt prête à couper. — Mes sœurs sont absentes ; elles reviendront demain.

—

DÉFINITION : Le pronom est un mot qui est mis à la place du nom. Ex. : Pierre écrit bien, mais **il** lit mal ; le mot **il** est un pronom, c'est-à-dire un mot mis à la place du nom Pierre.

Les principaux pronoms sont : **je, tu, il, elle, nous, vous, ils, elles.**

je marque la première personne, c'est-à-dire celle qui parle ;

tu marque la deuxième personne, c'est-à-dire celle à qui l'on parle ;

il, elle marquent la troisième personne, c'est-à-dire celle de qui l'on parle.

Au pluriel : **je** fait **nous ;**
tu fait **vous ;**
il fait **ils ; elle** fait **elles.**

QUATRIÈME CONJUGAISON EN **re.** — PASSÉ.

225

PASSÉ.

J'ai	rend u		J'ai ....u	
Tu as	rend u		Tu as ....u	
Il a	rend u		Il a..............u	
Nous avons	rend u		Nous avons.......u	
Vous avez	rend u		Vous avez........u	
Ils ont	rend u		Ils ont ....u	

Conjuguer au passé :

détendre, fendre, répandre, tordre, perdre, répondre.

226

Conjuguer au passé :

attendre hier ; — *vendre* la semaine dernière ; — *fendre* du bois ce matin ; — *perdre* son livre hier au soir.

SUJET DU VERBE.

227

Je travaille. — Qui travaille ? — Réponse : *Je.*
Donc, **je** est le sujet du verbe *travaille.*
Tu punis. — Qui punit ? — R. *Tu.*
Donc, **tu** est le sujet du verbe *punis.*
Il reçoit. — Qui reçoit ? — R. *Il.*
Donc, **il** est le sujet du verbe *reçoit.*

Faire le même exercice sur les verbes suivants :

Elle vend. — Nous recevons. — Vous chantez. —
Ils réunissent. — Elles parlent.

228

Même exercice sur les phrases suivantes :

Pierre travaille. — Sa sœur travaille. — Elle travaille. — Jacques et Henri labourent. — Ils labourent. — Ton frère applaudit. — Mon cousin grandit. — Ces bougies éclairent. — Le curé prêche. — Nos cloches sonnent. — Cette vache beugle.

DÉFINITION : Le sujet d'un verbe est la personne, l'animal ou la chose qui fait l'action exprimée par le verbe. Ex. : *Je* chante. *La pluie* tombe.

On trouve le sujet d'un verbe en faisant la question **qui** devant le verbe.

Qui chante ? — R. *Je.* **Je** est le sujet du verbe *chante.*

Qui tombe ? — R. La pluie. **La pluie** est le sujet du verbe *tombe.*

QUATRIÈME CONJUGAISON. — FUTUR.

229

FUTUR.

Je	rend rai	Je............rai
Tu	rend ras	Tu............ras
Il	rend ra	Il............ra
Nous	rend rons	Nous.........rons
Vous	rend rez	Vous.........rez
Ils	rend ront	Ils...........ront

Conjuguer au futur :

suspendre, attendre, remordre, correspondre, entendre, descendre.

230

Conjuguer au passé :

répondre ce soir ; — *descendre* demain matin ; — *reconnaître* désormais les services ; — *rendre* immédiatement·ce dépôt.

QUATRIÈME CONJUGAISON. — PRÉSENT, PASSÉ ET FUTUR.

231

PRÉSENT.	PASSÉ.	FUTUR.
Je..........s	J'ai ....u	Je.........rai
Tu.........s	Tu as ....u	Tu.........ras
Il	Il a............u	Il ....ra
Nous.......ons	Nous avons....u	Nous.......rons
Vous.......ez	Vous avez.....u	Vous.......rez
Ils ....ent	Ils ont.........u	Ils ....ront

Conjuguer au présent au passé et au futur.

vendre, répondre, mordre.

232

Conjuguer aux trois personnes du singulier et du pluriel :

J'ai attendu votre arrivée, *je vends* maintenant mes pommes et *je descendrai* bientôt à la cave pour en chercher d'autres.

RÉSUMÉ DES QUATRE CONJUGAISONS.

233

	1re Conjug.	2e Conjug.	3e Conjug.	4e Conjug.
PRÉSENT.	e	is	ois	s
	es	is	ois	s
	e	it	oit	
	ons	issons	evons	ons
	ez	issez	evez	ez
	ent	issent	oivent	ent
PASSÉ...	é	i	u	u
FUTUR..	erai	irai	evrai	rai
	eras	iras	evras	ras
	era	ira	evra	ra
	erons	irons	evrons	rons
	erez	irez	evrez	rez
	eront	iront	evront	ront

DEVOIR : Conjuguer au présent, au passé et au futur :

aimer, punir, recevoir, vendre.

234

Classer les verbes suivants en quatre colonnes, suivant la conjugaison à laquelle ils appartiennent.

tenter, marchander, déchoir, courir, bondir, voir, lire, pouvoir, bêcher, relire, conduire, raconter, peindre, regretter, sentir, sortir, revoir, travailler, résoudre, craindre, mourir, apprendre, mentir, devoir, cueillir, commencer, diminuer, fermer, causer, accompagner, rôtir, rendre, mordre, laisser, pourvoir, démolir, copier, entrevoir, accélérer, ralentir, augmenter.

COMPLÉMENT DIRECT DU VERBE.

235

Copier les phrases suivantes :

Je ferme la porte. — Tu copies une page. — Il reçoit de l'argent. — Mon frère ôte ses chaussons. — Ma sœur tricote des bas. — Nous finissons notre devoir. — Vous distribuez de l'encre. — Il continue sa récitation. — Ces écoliers copient leur leçon. — Elles ourlent des mouchoirs. — Nous avons vendu notre jardin.

—

DÉFINITION : On appelle **complément** du verbe les mots qui complètent l'idée exprimée par le verbe. Ex. : Je ferme *la porte. La porte* est le complément du verbe *je ferme.*

Le mot **complément** vient de *compléter,* qui veut dire *mettre au complet, achever, finir.*

On trouve le complément d'un verbe en faisant la question **qui ?** pour les personnes, et **quoi ?** pour les choses, après le verbe.

236

Faire une liste des sujets et une liste des compléments contenus dans l'exercice 235.

EXERCICES D'INVENTION.

237

Remplacer les points par un nom choisi au bas de l'exercice.

La chauve-souris est un... — Le limaçon est... — L'oseille est... — L'hirondelle est... — Le moineau est... — La violette est... — L'aigle est... — Le cuivre est... — La poire est... — Le brochet est... — Le serpent est... — Le marbre est... — Le peuplier est... — L'abeille est... — La luzerne est...

—

passereau — mollusque — oiseau — rapace — mammifère — fleur — mouche — légume — pierre — arbre — fruit — fourrage — poisson — reptile — métal.

238

Remplacer les points par un nom choisi au bas de l'exercice.

Paris est une... — Le Berry était... — L'Autriche est... — La Loire est... — Rouen est... — Le Vésuve est... — Les Alpes sont... — Le Hâvre est... — La Suisse est... — La veste est... — Le préfet est... — Le juge est... — La table est... — Le capitaine est... — Le païen est... — Le rabbin est...

—

capitale — officier — juif — province — fleuve — chef-lieu — république — vêtement — magistrat — empire — volcan — meuble — montagne — port de mer — idolâtre — fonctionnaire.

239

Remplacer les points par un adjectif qualificatif choisi à la suite de l'exercice. — Faire accorder ces adjectifs.

L'or est... — La fonte est... — Le citron est... — L'herbe est... — Le rouleau est... — Le crocodile est... — Le vieux fer est... — La craie est... — La poix est... — Le tigre est... — Le soleil est... — Le temps est... — Le duvet est... — L'acier est... — Le marais est... — Le diamant est... — Le rasoir est... — Le plomb est...

—

vert — flexible — cylindrique — jaune — noir — écailleux — tranchant — ovale — friable — précieux — sanguinaire — variable — rouillé — boueux — tenace — brillant — élastique — léger.

240

Remplacer les points par un adjectif qualificatif choisi au bas de l'exercice. — Faire accorder ces adjectifs.

La racine de la carotte est... — La conversation de l'ignorant est... — La racine du saule est... — La tige du lierre est... — Le fruit de l'abricotier est... — Le jus du citron est... — Les oreilles du lièvre sont... — Le poil du castor est... — La morsure de la vipère est... — Les griffes du chat sont... — Les cornes du bélier sont... — Le pelage de l'hermine est... — Le bec de l'hirondelle est...

—

insipide — droit — recourbé — pivotant — fibreux — blanc — grimpant — charnu — acide — rétractile — long — dangereux — soyeux.

241

Remplacer les points par un verbe choisi au bas de l'exercice.

Le cheval... — La vache... — La brebis... — Le chat... — La grenouille... — Le lion... — Le serpent... — Le vent... — Le cochon... — Le corbeau... — L'âne... — Le cerf... — La cigogne... — Le loup... — L'aigle... — Le pigeon... — Le hibou... — Le hanneton... — Le tonnerre... — La tourterelle...

—

gronde — bourdonne — hennit — gémit — hue — bêle — grogne — trompette — hurle — beugle — croasse — roucoule — miaule — craquette — coasse — brame — rugit — mugit — brait — siffle.

242

Remplacer les points par un verbe.

Le poisson... — Le vent... — Le ver... — Le jardinier... — Le cœur... — Le papillon... — Le sang... — Le ruisseau... — L'agneau... — Le cheval... — Le limaçon... — La lumière... — L'autruche... — La flamme... — Le serpent... — Le maçon... — Le tonnerre... — Le serrurier... — Le menuisier... — Le charretier... — Le remouleur...

—

plante — aiguise — nage — forge — souffle — attelle — rampe — vacille — rabote — coule — palpite — gronde — galope — bâtit — voltige — circule — se traîne — pétille — trotte — s'élance — bondit.

243

Trouver le sujet :

...voudrait marcher. — ...ne sait pas voler. — ...voudrait entendre. — ...ne doit pas être ébréché. — ...conduit la barque. — ...moud le froment. — ...prend des poissons. — ...défend la patrie. — ...commande une compagnie. — ...sillonnent les nues. — ...doit honorer la vieillesse. — ...doivent respecter les lois. — ...se moque de la vérité.

—

autruche — sourd — calomniateur — rasoir — paralytique — batelier — jeunesse — citoyen — meunier — pêcheur — éclair — capitaine — soldat.

244

Trouver le complément :

Le cheval traîne... — Le moissonneur lie les... — Les murs soutiennent... — Le décrotteur cire les... — Le jardinier greffe les... — Le malade doit consulter... — Le jury doit acquitter les... — Le sellier fait... — La religion console les... — L'écolier se flatte de remporter... — Le chapelier vend des... — Le cardinal porte un... — Le coupable a fait des...

—

gerbe — chapeau — carrosse — aveu — botte — charpente — camail — arbre — prix — médecin — affligé — coupable — harnais — innocent.

FIN.

TABLE DES MATIÈRES.